For my dear brother and "Chef Cook":
Francis from his loving sis.: Mig.
Happy Xmas 2015 !

LES SECRETS DU SUCRE

Décors et friandises

Avec beaucoup de gentillesse,
l'auteur m'a fait partager son savoir.
Elle vous le propose de même dans ce livre
où elle a mis tout son enthousiasme.

Jean-Paul Cluzel
Restaurant Au Lion d'Or - Le Port-Marly

LES SECRETS DU SUCRE

Décors et friandises

Textes et recettes :
Marie-Hélène Martin de Clausonne

Réalisé avec la collaboration du Centre d'Études
et de Documentation du Sucre

**FLEURUS
IDEES**

Editions Fleurus, 11, rue Duguay-Trouin 75006 Paris

SOMMAIRE

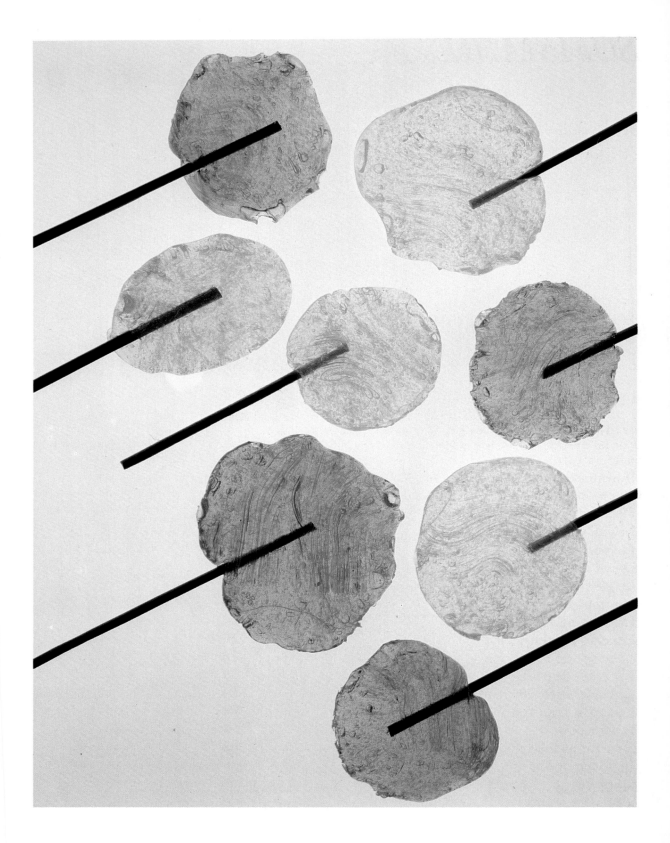

INTRODUCTION

La confiserie évoque la joie de créer et d'offrir, le plaisir de récompenser, de remercier, ou tout simplement de satisfaire une « petite faim ». La confiserie est l'enchantement du palais et des yeux. Reine de toutes les fêtes, elle couronne un bon repas, personnalise le bon gâteau de toujours ou égaye une après-midi d'hiver.

Mais ce délice est encore plus grand quand on réalise soi-même ces friandises ou ces décors merveilleux, il devient alors le bonheur de créer une œuvre originale.

A tous les âges, la préparation des friandises est un divertissement. Chacun se verra tour à tour artisan et magicien. Les petits et les grands seront étonnés de réussir des recettes simples et sans cuisson pour les uns, plus élaborées pour les autres. En effet, à partir de 12 ou 13 ans, les enfants pourront s'exercer à transformer le sucre.

Toutes ces recettes ont été minutieusement étudiées, toutefois pour les réussir, il convient de respecter la progression suivant laquelle elles ont été classées, il est logique de s'exercer à cuire le sucre avant de réaliser des sucettes. Si vous ouvrez ce livre pour la première fois ne choisissez pas une recette au hasard, commencez par le début, familiarisez-vous avec le travail du sucre.

 Une sucette. La recette est facile, à la portée des débutants et des enfants à partir de 7 ans.

 Deux sucettes. La recette est un peu plus élaborée, à la portée d'enfants de 12 ans.

 Trois sucettes. La recette est plus difficile et ne sera réalisable que si vous êtes bien entraîné.

Ensuite vous réaliserez tout très facilement et je ne serais pas surprise qu'alors une certaine passion vous anime. Muni de ces quelques notions et idées de base, avec la plus grande aisance vous varierez douceurs et décors à l'infini de votre imagination.

HISTOIRE DU SUCRE

Le sucre provient, dans les pays tropicaux de la canne à sucre, sous les climats tempérés de la betterave sucrière. Les procédés d'extraction et d'évaporation du jus de la canne à sucre étaient connus en Inde trois millénaires avant J.-C. De là, la culture de cette plante et la fabrication du sucre s'étendirent au sud-est asiatique, aux pays arabes et enfin à l'Europe. Les premières raffineries apparurent en Perse au VIIe siècle après J.-C. Dès le VIIIe siècle on cultivait la canne et on fabriquait du sucre en Espagne et dans le sud de la France. En 1493, Christophe Colomb emporta des graines de canne à sucre aux Antilles et peu de temps après la production prenait tout son essor. Mais ce n'est qu'au XVIe siècle que les procédés de raffinage seront vraiment commercialisés.

Quant à la betterave, elle était cultivée en France depuis très longtemps comme légume et pour l'alimentation du bétail, mais il fallut attendre 1747 pour qu'un chimiste allemand, Andreas Margraff, démontre que certaines betteraves contenaient du sucre. La première fabrique sucrière fut inaugurée en 1802 en Silésie. En France, Napoléon remit en 1811 la croix de la Légion d'honneur à Benjamin Delessert pour être parvenu à cristalliser du sucre de betterave. Avant de découvrir et de fabriquer le sucre blanc, on utilisait depuis la Préhistoire d'autres édulcorants comme le miel ou le sirop d'érable du Canada.

LES PROPRIÉTÉS DU SUCRE

Le sucre, qui n'est autre que le saccharose sous son nom scientifique, est une matière qui, par une mystérieuse transformation peut prendre des aspects multiples et révéler des propriétés étonnantes. Il est surprenant de constater que les innombrables « textures » rencontrées en confiserie dérivent toutes d'une seule et même substance : le sucre.

Tout l'art du confiseur repose sur le travail d'un sirop, mélange de sucre et d'eau. Si l'on fait bouillir ce sirop assez longtemps pour parvenir à l'évaporation presque totale de l'eau qu'il contient, le sucre se solidifie à l'air. Selon la quantité qui reste en fin de cuisson, on obtient des résultats très variés. Quand le sirop réduit, il a tendance à « cristalliser », c'est-à-dire à retrouver sa forme originale. Cependant pour certaines friandises, comme les sucettes par exemple, il faut un sucre transparent comme du verre. Alors, pour empêcher la formation de cristaux irréguliers, on cuit le sirop avec une substance anticristallisante. Ainsi les molécules de cette substance viennent s'interposer entre celles du sucre et ne leur permettent pas de se juxtaposer. La cristallisation est « inhibée ».

Le glucose « cristal » ou en poudre ainsi que le miel assurent correctement cette fonction. Utilisés en petites quantités, ils favorisent la formation de cristaux très fins (fondant). En forte concentration, ils préviennent complètement le « grainage ».

LE SUCRE

Les corps gras comme le beurre ou le beurre de cacao possèdent également un pouvoir anticristallisant par épaississement du sirop. C'est pourquoi il vaut mieux choisir un chocolat riche en cacao pour réussir un beau nappage.

Quant aux acides, vinaigre, jus de citron, acide tartrique, ils agissent en décomposant le saccharose en glucose et fructose. Le sucre cuit est alors « inverti ». Quand il se solidifiera, il sera brillant et transparent.

CONSERVATION

Préparé à partir de l'évaporation d'un sirop, le sucre est « avide d'eau ». Il se détériore et perd son brillant dans une atmosphère humide. Il faut donc le conserver dans un endroit sec.

LE SUCRE ET LA SANTÉ

Le sucre est un produit naturel de première utilité dans l'équilibre alimentaire.

Autrefois le sucre était rare et recherché, il a conservé de cette époque une image de plaisir, de gourmandise suscitant à son encontre une réaction de défense que l'on a parfois assimilée à un « puritanisme diététique » !

Cependant les nombreuses études faites aujourd'hui prouvent qu'à tous les âges de la vie le sucre est nécessaire.

La réserve glycogénique des muscles est le facteur n° 1 de l'endurance sportive et de la performance. La préparation des athlètes fait appel à des aliments glucidiques, allant des amidons comme les pâtes alimentaires, au saccharose du dessert.

Quant à l'appétence innée des nourrissons pour le sucré, elle permet de leur faire mieux accepter le passage de l'alimentation lactée à une alimentation de plus en plus diversifiée. Sa parfaite digestibilité en fait un aliment de choix pour le bébé fragile.

Chez l'individu présentant des désordres gastro-intestinaux, les solutés pour lutter contre la déshydratation contiennent toujours du sucre et des sels minéraux.

Chez les personnes âgées, le sucre favorise une meilleure acceptabilité et une plus grande diversité de l'alimentation.

Les sucres consommés aujourd'hui et selon les pratiques habituelles, constituent un apport positif pour la population en général, mis à part les cas pathologiques. Seule est reconnue sa contribution à la carie dentaire. En effet, tous les hydrates de carbone, s'ils séjournent sur les dents, favorisent la formation de la « plaque dentaire » et nécessitent pour la combattre une bonne hygiène bucco-dentaire et l'emploi du fluor.

Aujourd'hui le sucre est devenu un produit courant, son prix est modeste, son emploi est simple, flatteur au goût et à la vue. Le sucre est tellement présent dans l'alimentation moderne que, tout en restant nécessaire, il deviendrait néfaste consommé en excès ! Nos recettes vont vous mettre l'eau à la bouche... Une seule solution pour vous protéger : partager largement les sucreries réalisées !

14

15

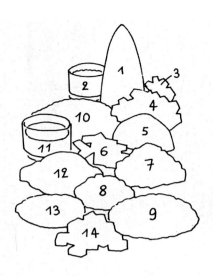

1. *Pain de sucre*
2. *Fondant*
3. *Sucre candi blanc*
4. *Sucre candi brun*
5. *Cassonade*
6. *Sucre cassé en morceaux non moulés*
7. *Sucre glace*
8. *Vergeoise blonde*
9. *Sucre cristallisé blanc*
10. *Sucre en grains, casson ou grêlon*
11. *Sirop de sucre*
12. *Vergeoise brune*
13. *Sucre en poudre*
14. *Sucre en morceaux n° 4*

TOUS LES SUCRES

La multitude des présentations du sucre peut rendre perplexe. Ce qu'il faut savoir, avant tout, c'est que le sucre le plus pur, celui à choisir pour la préparation des sirops de sucre, est celui qui est le plus blanc. Il porte souvent la mention «sucre raffiné» ou «sucre blanc raffiné», appellations réservées à des sucres contenant au moins 99,7 % de saccharose (généralement 99,9 %).

LES SUCRES EN POUDRE

— Le sucre cristallisé blanc, le moins cher des sucres blancs, est utile en confiserie pour la présentation des pâtes de fruits.

— Le sucre en poudre ou «semoule», est recommandé pour la pâtisserie car il fond plus vite que le sucre cristallisé.

— Le sucre en grains, encore appelé «casson», «grelon» ou «perlé», donne une agréable présentation aux «chouquettes» et aux «sablés».

— Le sucre glace, poudre de sucre broyé, additionnée de 2 à 3 % d'amidon destiné à empêcher ce sucre impalpable de se prendre en bloc, est utilisé pour la décoration des gâteaux, les glaçages et pastillages. Il entre dans la préparation des confiseries sans cuisson, truffes notamment, et dans la fabrication des meringues et de la crème chantilly.

— La cassonade, sucre cristallisé brut, extrait directement du jus de la canne à sucre, est très apprécié pour la saveur, semblable à celle du rhum, qu'il donne au caramel.

— La vergeoise, brune ou blonde, provient d'un sirop de betterave ou de canne. C'est un sucre à consistance moelleuse utilisé surtout dans le nord de la France et en Belgique. Elle apporte un arôme particulier aux confiseries et aux pâtisseries. Si elle est séchée dans le paquet, pour avoir été trop au sec, elle retrouvera son aspect si vous l'écrasez au rouleau à pâtisserie.

LES SUCRES EN MORCEAUX

Les numéros indiquent la grosseur du morceau, le n° 2 étant le plus gros. Le n° 4, le plus petit et le plus courant, pèse environ 5 g.

— Les morceaux vendus nus ou enveloppés sont de qualités identiques.

— Les sucres en cubes ne diffèrent des morceaux traditionnels que par leur présentation.

— Les cubes bruns proviennent généralement de la canne. Leur origine est alors indiquée sur l'emballage.

LES SUCRES DIVERS

— Le sucre candi blanc provient d'un sirop de raffinerie extrêmement pur et très concentré, qu'on laisse refroidir lentement dans des bacs tendus de fils pour faciliter sa cristallisation en gros cristaux. Ce sucre est utilisé pour la fabrication de certaines boissons ou liqueurs, en particulier celle du champagne.
Le candi brun provient d'un sirop brun moins pur.

— Le sucre liquide, ou « sirop de sucre », est un sucre raffiné en solution d'eau, incolore ou blond. Il est utilisé pour sucrer les punchs ou les salades de fruits et donne d'excellents résultats dans la préparation de la meringue italienne.

— Le fondant vendu en boîte est une pâte épaisse et blanche obtenue par cuisson de sirop de sucre, d'eau, de glucose, qui est ensuite malaxé. Bientôt vous le ferez vous-même.

— Le caramel liquide, prêt à l'emploi est recommandé pour aromatiser les crèmes ou les gâteaux tout en les décorant, vous pouvez également le préparer vous-même.

— Le sucre vanillé est aromatisé à l'essence de vanille. Il est dit « vanilliné » s'il est aromatisé à la vanille de synthèse. Vous pouvez également le faire vous-même en disposant deux ou trois gousses de vanille fendues dans un bocal rempli de sucre et fermant hermétiquement.

— Le sucre pour confitures, ou sucre gélifiant, est du sucre en poudre additionné de pectine naturelle de fruits et d'acide citrique, pour faciliter la prise et la conservation des confitures, des pâtes de fruits ou encore pour réaliser des sorbets sans paillettes.

— Le glucose cristal ou en poudre, industriellement extrait de la fécule de pomme de terre ou de la fécule de maïs, permet d'éviter la cristallisation du sirop de sucre. Son pouvoir sucrant est plus faible que celui du saccharose. Il augmente le délai de conservation des bonbons. Moins courant, on le trouve dans les épiceries fines et chez les fournisseurs de pâtisserie-confiserie (glucose cristal) ou en pharmacie (glucose en poudre).

— La mélasse est le résidu incristallisable provenant de la fabrication du sucre. Elle est commercialisée sous la forme d'un sirop épais brun foncé.

Le SUCRE

19

INGRÉDIENTS MOINS COURANTS

Vous trouverez en pharmacie :

— acide citrique,
— glucose en poudre,
— gomme arabique,
— eau de fleur d'oranger,
— alcool de menthe.

Vous trouverez dans les épiceries fines ou les magasins spécialisés pour la pâtisserie :

— glucose cristal,
— colorants alimentaires, suffisamment concentrés,
— parfums et essences de fruits.

LE MATÉRIEL

Cet ouvrage étant destiné à une utilisation familiale, vous n'aurez pas besoin pour réaliser ces recettes d'un matériel de professionnel. Dans votre cuisine, vous trouverez tout ce qu'il faut. Néanmoins pour bien réussir, certains ustensiles sont recommandés.

— Un marbre, table de travail du confiseur qui assurera un refroidissement rapide aux pâtes de sucre. Il doit avoir au moins 50 à 60 cm de côté. Un marbre récupéré chez un brocanteur conviendra très bien.

— Un poêlon d'office, récipient en cuivre épais non étamé muni d'un bec verseur, est idéal pour la cuisson du sucre car il assure une bonne répartition de la chaleur. A défaut de ce poêlon, vous utiliserez une petite casserole à fond épais en cuivre ou en acier inoxydable, toujours d'une propreté rigoureuse.

— Une paire de spatules, palettes triangulaires en acier inoxydable, semblables à celle qu'utilisent les peintres pour poser le mastic.

— Un jeu de quatre règles métalliques, ou un cadre en acier, seront très pratiques pour couler ou mouler les pâtes. Vous le trouverez chez un quincailler ou dans un magasin spécialisé dans le matériel de cuisine et pâtisserie.

— Un thermomètre à yaourt pour mesurer les basses températures (30 à 60 °C). Très vite, vous saurez évaluer « au doigt et à l'œil » la température convenable.

30 °C : c'est encore froid.   40 °C : c'est à peine tiède.
50 °C : c'est tiède.   60 °C : c'est chaud.

— Il existe aussi des thermomètres pour la cuisson du sucre, gradués de 100 à 160 °C.

DES MOTS,
DES GESTES

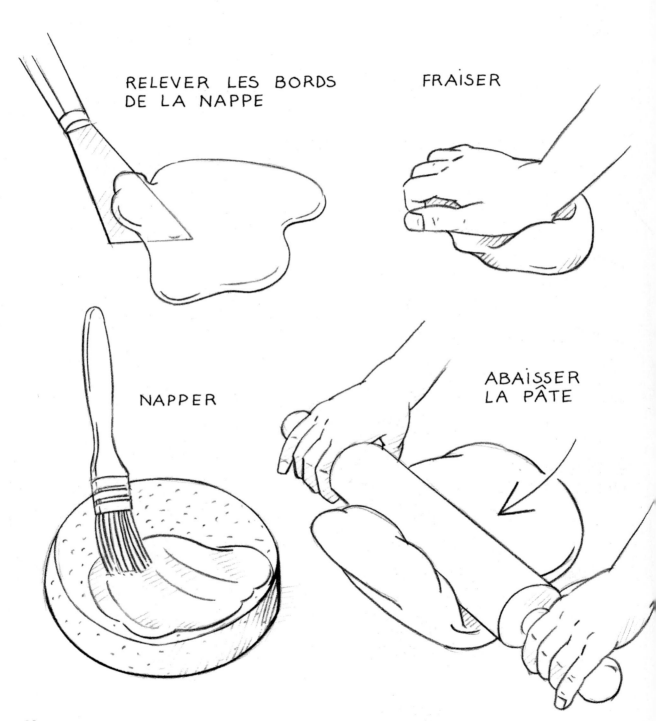

RELEVER LES BORDS
DE LA NAPPE

FRAISER

NAPPER

ABAISSER
LA PÂTE

CHEMISER UN MOULE

BLANCHIR

ÉMONDER LES AMANDES

ÉTEINDRE UN CARAMEL

GLACER UN GÂTEAU

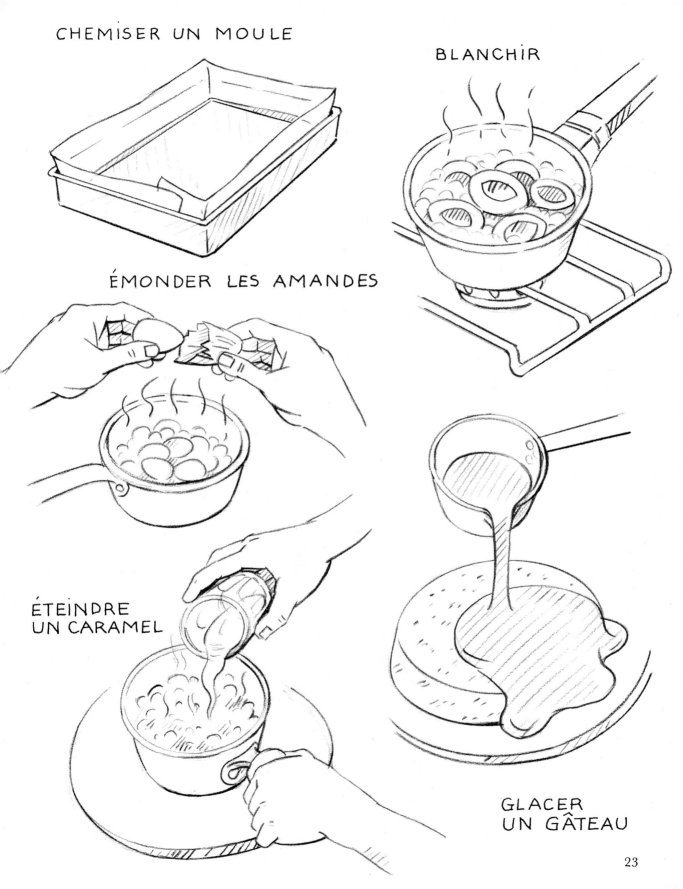

23

DÉCORS
ET FRIANDISES
SANS CUISSON

Toutes ces recettes sont très simples et réalisables par des enfants de moins de 10 ans. Ils seront ravis de préparer le goûter. Les plus petits mettront les pièces dans des caissettes de papier et les rangeront sur les assiettes.

TRUFFES BLANCHES

Pour 33 truffes

250 g de beurre
150 g de sucre glace
200 g de noix de coco râpée
1 cuillerée à soupe d'extrait de café
1 cuillerée à café de rhum

Ramollir le beurre en le travaillant à la fourchette. Travailler toujours jusqu'à obtenir une pâte lisse en ajoutant d'abord le sucre, puis le mélange café-rhum, et enfin les 3/4 de la noix de coco râpée. Pour façonner une truffe, prélever une petite cuillerée de cette pâte et la rouler dans la noix de coco restante. Mettre les truffes dans le réfrigérateur pour qu'elles se raffermissent bien.

Se conserve 3 ou 4 jours au réfrigérateur. Les truffes blanches se congèlent très bien.

BÂTONNETS AUX NOISETTES

Pour 30 bâtonnets

1 petite cuillerée d'extrait de café
200 g de sucre glace
200 g de noisettes
100 g de beurre ramolli
60 g de sucre cristallisé roux de préférence

Mettre les noisettes dans le bol du mixer, les réduire en poudre.
Dans le bol, ajouter le sucre glace, le beurre, le café. Travailler
jusqu'à obtenir une pâte homogène. Former un rouleau de la gros-
seur d'un doigt. Diviser en bâtonnets de 2 cm de long.
Disposer le sucre cristallisé sur une assiette et y rouler les bâtonnets.
Mettre au frais avant de servir.

Quand on incorpore du beurre cru ou de la crème fraîche à une pâte,
éviter de la conserver plus de 3 à 4 jours, même au réfrigérateur.
Au-delà il est préférable de la congeler.

FRUITS SURPRISE

Pour 30 fruits

125 g de biscuits de Reims roses
100 g de beurre ramolli
100 g de sucre en poudre
1 cuillerée à soupe de rhum
15 dattes
15 pruneaux
une assiette de sucre cristallisé

Réduire les biscuits en poudre. Dans une terrine mettre la poudre de biscuit, le beurre, le sucre, le rhum. Mélanger à la spatule jusqu'à obtenir une pâte ferme. Étaler cette pâte au rouleau sur une plaque saupoudrée de sucre glace. Découper des bandes, puis des petits morceaux de 2 cm de long.

Dénoyauter les fruits, les garnir chacun d'un petit morceau de pâte, puis les rouler dans le sucre cristallisé étalé sur une assiette. Mettre en caissettes et servir.

Se gardent jusqu'à 8 jours dans un endroit frais.

CUBES AUX AMANDES

Pour 30 cubes

500 g de sucre glace
1 cuillerée à café d'extrait de café
1 blanc d'œuf
30 amandes entières
1 cuillerée de Maïzena, éventuellement

Battre le blanc d'œuf en neige très ferme et y verser le sucre petit à petit en mélangeant délicatement. Ajouter l'extrait de café.

La pâte obtenue doit pouvoir être prise en main et travaillée comme une pâte à tarte. Si la pâte colle, ajouter une cuillerée à café de Maïzena.

Saupoudrer le plan de travail de sucre glace. Étaler la pâte avec le rouleau à pâtisserie jusqu'à ce qu'elle ait 1 cm d'épaisseur.

Découper les cubes avec un couteau mouillé. Placer sur chacun une amande émondée et grillée.

ÉMONDER ET GRILLER LES AMANDES

Pour émonder les amandes les jeter dans l'eau bouillante. Les y laisser pendant 3 à 4 mn, les sortir avec l'écumoire. Presser chaque amande encore chaude et humide entre le pouce et l'index pour la faire sortir de sa peau brune.

Pour griller les amandes les mettre dans une poêle, chauffer quelques minutes sans cesser de remuer.

Se conservent 8 à 10 jours au réfrigérateur.

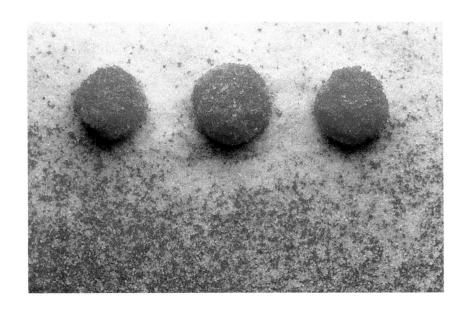

CROQUETTES AU SUCRE

Pour 35 croquettes environ

100 g de fruits confits
200 g de boudoirs
150 g de poudre d'amandes
2 cuillerées à soupe de cognac ou de calvados
50 g de beurre ramolli
1 œuf

Enrobage : 150 g de sucre cristallisé

Réduire les biscuits en poudre avec le mixer ou le rouleau à pâtisserie, mettre la poudre dans une terrine et ajouter la poudre d'amande, l'alcool, le beurre, le jaune d'œuf, le blanc battu en neige et les fruits confits. Travailler pour obtenir une pâte. Former des croquettes de la taille d'une petite noix et les rouler dans le sucre cristallisé.

Bonne conservation pendant 3 ou 4 jours au réfrigérateur. Au-delà, il est préférable de congeler.

LE SUCRE DE COULEUR

Pour une jolie présentation, il est facile de colorer le sucre cristallisé dans lequel seront enrobées les croquettes. Pour cela, remplir aux 3/4 un pot à confiture de sucre cristallisé, ajouter 2 gouttes de colorant alimentaire, fermer le pot et l'agiter vigoureusement jusqu'à obtenir une couleur uniforme.

FRUITS GIVRÉS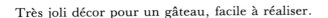

Une grosse grappe de raisins
ou 5 clémentines
ou 1 livre de fraises
ou 1 livre de belles grappes
de groseilles ou de cassis
2 blancs d'œufs
200 g de sucre glace

Enrobage : une assiette de sucre cristallisé

N'employer que des fruits impeccables sinon le jus fera fondre le glaçage.
Laver et sécher les fruits. Séparer les clémentines en quartiers. Ne pas enlever la queue des fraises. Avec des ciseaux, séparer la grappe de raisins en petits grapillons, ou grain par grain s'ils sont très gros, en laissant une petite queue.
Battre les blancs d'œufs à la fourchette ajouter le sucre glace. Tremper les fruits dans le mélange et les rouler dans le sucre cristallisé. Laisser sécher au moins une heure avant de servir. Cette préparation est simple, elle donne un très bel effet.

Le « givre » tient un jour ou deux.

FEUILLES ET FRUITS CRISTALLISÉS

Très joli décor pour un gâteau, facile à réaliser.

10 feuilles comestibles
10 fleurs comestibles
50 g de gomme arabique (en pharmacie)

Enrobage : Une assiette couverte de sucre cristallisé

Choisir impérativement des belles feuilles ou des fleurs comestibles comme la menthe fraîche, les capucines, les grappes d'acacia, les pétales de roses, les églantines, les freezias, les fleurs de pommier…

Mettre la gomme arabique dans un verre, ajouter quelques gouttes d'eau pour la liquéfier. Avec un petit pinceau fin, badigeonner chaque feuille ou chaque fleur sur toutes les faces. Les déposer sur l'assiette de sucre cristallisé les saupoudrer encore de sucre cristallisé avec une petite passoire.

Quand les feuilles et les fleurs sont bien recouvertes de sucre, les déposer sur une grille et les laisser sécher pendant plusieurs heures près d'une source de chaleur, sur un radiateur ou devant un four ouvert par exemple.

Quand elles sont dures et cassantes, mettre les feuilles et les fleurs dans un bocal, elles se conservent plusieurs semaines.

PETITS MENDIANTS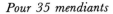

Pour 35 mendiants

100 g de figues sèches
100 g de dattes
100 g de raisins secs
100 g de noix
100 g d'oranges confites

Enrobage

100 g de sucre cristallisé
1 blanc d'œuf battu à la fourchette
ou 200 g de chocolat

Mettre tous les ingrédients dans le bol mixer, travailler jusqu'à obtenir une pâte épaisse.

Former des boules de la grosseur d'une noix, les tremper dans le blanc d'œuf battu, puis les rouler dans le sucre cristallisé. Ou, pour varier la présentation, tremper les boules une à une dans le chocolat fondu au bain-marie.

Déposer sur un papier sulfurisé, laisser durcir, mettre en caissettes.

Très bonne conservation.

CONSTRUCTIONS EN SUCRE

Pour un coffret

100 morceaux de sucre n° 4
100 g de sucre glace
1 blanc d'œuf

Préparer la glace royale qui servira de colle pour souder les morceaux de sucre entre eux : dans un bol, battre le blanc d'œuf à la fourchette, ajouter le sucre glace et le battre à nouveau, couvrir la glace royale pour qu'elle ne sèche pas.

Disposer les morceaux de sucre au gré de l'inspiration. Avec une petite cuillère, déposer un peu de glace royale entre les morceaux à assembler. Laisser sécher.

Ainsi, vous pourrez fabriquer une boîte ou un coffret pour présenter des bonbons, des chocolats ou encore des sucettes. Un assemblage de sucre en morceaux peut également servir de base à la construction d'une maison, ou même d'un château. Mais il sera préférable de soutenir les grandes pièces par un cadre en carton léger sur lequel seront collés les morceaux de sucre.

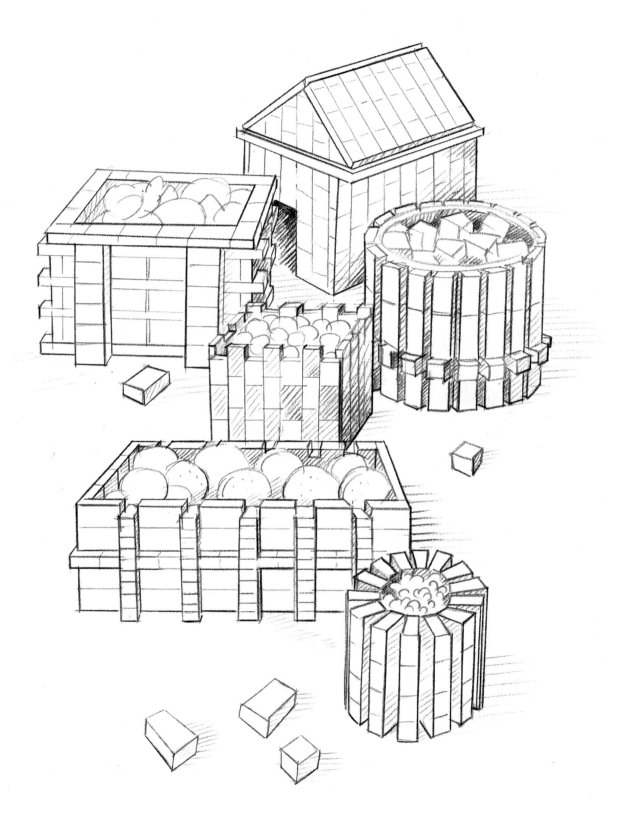

31

LE PASTILLAGE

Pour 10 à 15 sujets

400 g de sucre glace
50 g d'amidon ou de fécule
4 feuilles de gélatine
ou 10 g de gomme arabique
50 g d'eau

Ramollir les feuilles de gélatine dans un bol d'eau froide. Faire chauffer l'eau à 60 °C. Ajouter les feuilles de gélatine bien égouttées. Remuer jusqu'à ce qu'elles aient complètement disparu. Si on emploie la gomme arabique, ne pas faire chauffer l'eau. Faire une fontaine avec le sucre glace, y verser la solution de gélatine ou de gomme. Travailler jusqu'à obtenir une pâte à laquelle nous ferez ensuite absorber l'amidon en « fraisant » avec la paume de la main. Envelopper la pâte dans un sac plastique pour éviter qu'elle ne « croûte ». Ne sortir qu'au fur et à mesure la quantité nécessaire pour façonner un sujet.

POUR RÉALISER UN OISEAU

Former dans la main une boule bien lisse, la modeler pour faire sortir la tête, le bec et la queue. Avec des ciseaux, détacher les ailes et les fendre.

POUR DES PETITS SUJETS

Il est préférable de travailler « dans la masse », mais pour des grandes compositions on peut faire un assemblage en collant les pièces entre elles avec une solution de gomme arabique.

Pour réaliser deux objets identiques, peser les boules de pâtes.

Jetons de jeu de société, monnaie pour jouer à la marchande... En ménageant un trou dans les pastilles, on fera colliers, bracelets, mobiles (dans ce cas, glisser le fil avant séchage).

On peut peindre les pastilles séchées avec des colorants alimentaires, et même les laquer, mais alors il ne faudra pas les manger.

Laisser sécher les pièces dans un endroit sec à température ambiante. Elles deviendront dures et se conserveront indéfiniment.

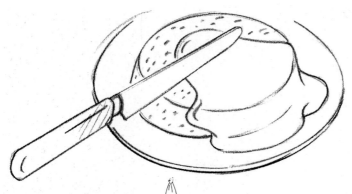

LA GLACE ROYALE

Préparation facile, qui en séchant forme une belle pellicule brillante et dure. Elle peut remplacer le fondant pour le décor des gâteaux.

Pour un gâteau d'environ 25 à 30 cm de diamètre

200 g de sucre glace
2 blancs d'œufs

Mettre les blancs d'œufs dans une terrine, les battre à la fourchette. Tout en continuant à battre ajouter le sucre glace. La pâte doit être lisse et blanche. Verser la glace royale au milieu du gâteau et l'étaler régulièrement avec une grande lame de couteau préalablement trempée dans l'eau chaude. On peut faire des décors à la poche à douille ou avec une seringue.

La glace royale peut être aromatisée et colorée en harmonie avec les gâteaux.

POUR GLACER UN FRAISIER

Ajouter au fondant 1 cuillerée à café de kirsch et 3 gouttes de colorant rouge.

POUR GLACER UN GÂTEAU AUX NOIX

Ajouter une cuillerée à dessert de café soluble dilué dans quelques gouttes d'eau chaude.

POUR GLACER UN GÂTEAU AU CHOCOLAT

Ajouter une cuillerée à café de cacao amer dilué dans quelques gouttes d'eau chaude.

POUR UN GLAÇAGE IMPECCABLE

Il est préférable de disposer la glace royale sur un gâteau préalablement «abricoté», c'est-à-dire imperméabilisé par une couche de gelée de fruits fondue, passée au pinceau.

34

LA CUISSON DU SUCRE

La cuisson du sucre est rapide, elle demande donc une grande précision. Si l'on y prête attention elle devient passionnante et enchante par la variété des résultats et sa facilité d'exécution.

Pour réussir, il faut préparer son matériel à portée de main afin d'assurer une surveillance constante (surtout ne pas répondre au téléphone) :

— une petite casserole à fond épais,

— un pinceau pour nettoyer les bords de la casserole si quelques cristaux de sucre s'y trouvent collés et enlever les impuretés en cours de cuisson,

— un bol rempli d'eau très froide pour l'appréciation manuelle de la cuisson.

RECETTE DE BASE

250 g de sucre en morceaux ou en poudre
3 cuillerées à soupe d'eau
1 cuillerée à soupe de vinaigre de cidre
ou 1 cuillerée à soupe de glucose

Ceci représente la quantité de sucre cuit que l'on aura le temps de travailler à bonne température.

Dans une petite casserole à fond épais mettre le sucre, l'eau et le vinaigre ou le glucose.

Vérifier que les bords de la casserole sont bien propres. Chauffer doucement sans que la flamme dépasse le fond de la casserole. Ne pas remuer.

Surveiller attentivement le sirop qui va alors se concentrer progressivement.

Suivant l'utilisation finale, la cuisson sera plus ou moin prolongée.

La première chose sera donc de reconnaître les étapes de cuisson : pour cela nous attacherons beaucoup d'importance à la consistance — et surtout à la couleur du sucre — plus qu'au temps qui est difficile à évaluer car il peut varier selon la casserole et l'appareil de cuisson choisi.

PRINCIPAUX STADES DE LA CUISSON DU SUCRE

Pour chaque stade, nous vous proposons quelques exemples d'utilisation.

Dans une casserole bien propre, mettre le sucre mouillé et le glucose ou le vinaigre.

3 mn : LE NAPPÉ

De grosses bulles recouvrent toute la surface de la casserole. Le sirop nappe la spatule. Fruits confits.

4 mn : LE FILET

Les bulles deviennent plus petites et plus nombreuses, le sirop épaissit et s'étire en filet. Fondant.

5 mn : LE PETIT BOULÉ

Une cuillerée de sirop versée dans l'eau glacée peut être reprise en main. Touron.

6 mn : LE GROS BOULÉ

La boule de sucre devient ferme entre les doigts. Caramels mous.

7 mn : LE PETIT CASSÉ

La boule de sucre roule sur le marbre, elle est incolore et collante. Nougats, caramels.

8 mn : LE GRAND CASSÉ

Le sirop est très légèrement coloré sur le bord de la casserole, la nappe durcit sur le marbre, elle est cassante et ne colle plus. Berlingots, enrobages, décors en sucre.

9 mn : LE CARAMEL

Le sirop est uniformément coloré, il perd son pouvoir sucrant.
Blond clair : nougatine, cheveux d'ange.
Blond foncé : caramel liquide.
Passé ce stade, le caramel est inutilisable. N'oubliez pas que le sirop continue à cuire pendant l'évaluation, retirez donc la casserole du feu à chaque fois.

1. Préparation de base
2. 3 mn : le nappé
3. 4 mn : le filet
4. 5 mn : le petit boulé
5. 6 mn : le gros boulé
6. 7 mn : le petit cassé
7. 8 mn : le grand cassé
8. 9 mn : le caramel

37

LE FONDANT

PRÉPARATION DE BASE

250 g de sucre cristallisé
1 cuillerée à soupe de vinaigre de cidre ou de glucose
3 cuillerées à soupe d'eau

Mettre le sucre dans une petite casserole à fond épais, le mouiller avec l'eau et le vinaigre. Si l'on remplace le vinaigre par le glucose, ajouter une cuillerée d'eau supplémentaire. L'emploi du glucose est d'ailleurs préférable car le vinaigre laisse toujours un petit goût acidulé et une légère coloration au fondant.
Vérifier qu'il n'y ait pas de sucre collé sur le bord de la casserole, chauffer sans que la flamme déborde du fond du récipient. Laisser cuire sans tourner jusqu'à ce que le sucre épaississe et atteigne le stade du « filet ». Le degré de cuisson étant très vite dépassé, couper le feu à chaque vérification.
Verser le sirop sur un marbre mouillé, laisser la nappe refroidir quelques instants, puis la déplacer avec la spatule afin que la prise se fasse de façon homogène. Travailler ainsi jusqu'à ce que le sucre se trouble, blanchisse et finalement forme une pâte. La prendre en main et la fraiser avec la paume jusqu'à obtenir une boule de la consistance du mastic. Laisser la pâte reposer quelques heures dans un linge humide ou une boîte hermétique, elle sera alors prête pour de multiples usages.

Le fondant se conserve parfaitement et pourra être réchauffé, enrichi, coloré au fur et à mesure des besoins.

Si le fondant a un peu séché, l'humecter avant de le travailler. Si au contraire il est trop humide, le saupoudrer d'un peu de sucre glace additionné de Maïzena.

Il est possible de travailler une plus grande quantité de sucre à la fois, seule la dimension du marbre entre en jeu. Pour travailler 500 g de sucre, il faut un marbre d'au moins 0,50 m × 1 m.

Si le sirop ne « prend pas » c'est parce que le sucre n'est pas assez cuit. Si au contraire il prend en masse trop vite, c'est parce qu'il est trop cuit.

FONDANT AU CITRON

Pour 30 fondants

300 g de fondant en pâte
Le jus et le zeste de 2 citrons
30 pistaches ou grains de « mimosa » pour décorer
30 caissettes métalliques

Disposer les caissettes sur le plat de service. Préparer un bain-marie avec deux casseroles (la plus petite ayant si possible un bec verseur), y mettre la pâte. Chauffer sans dépasser 40 °C (voir page 20) pour que le fondant garde son brillant. Ajouter le jus, le zeste de citron et le colorant. Remuer.
Couper le feu quand la pâte est devenue lisse et liquide.
Verser la préparation dans les caissettes.
Quand le fondant est encore chaud, décorer avec les pistaches ou les grains de mimosa.
Laisser durcir avant de servir dans les caissettes.

Excellente conservation.

FRUITS AU FONDANT

Pour 50 cerises roses

200 g de fondant nature
50 cerises à l'eau-de-vie
2 gouttes de colorant rouge
1 cuillerée à soupe de l'eau de vie des fruits
50 caissettes plissées.

Étaler les cerises sur un papier absorbant. Les sécher soigneusement en gardant la queue. Mettre le fondant au bain-marie très doux (la température du fondant ne doit jamais dépasser 40 °C. Voir page 20).

Ajouter l'alcool et le colorant, remuer. Quand le fondant forme une pâte fluide et homogène, éteindre le feu.

Tremper les cerises une à une, en les tenant par la queue, les égoutter, les déposer sur un marbre huilé.

Quand le fondant est bien sec, il est redevenu dur et brillant. Détacher alors les cerises du marbre avec la spatule et mettre en caissettes.

Si le fondant ne couvre pas bien les fruits, c'est parce qu'il est trop chaud : le battre pour qu'il refroidisse et épaississe un peu.

Fraises et grains de raisin peuvent aussi être trempés dans le fondant. Laisser alors le fondant blanc, sans colorant. Pour une jolie présentation ne tremper les fruits qu'à moitié.

Les fruits ainsi préparés se conservent une journée dans un endroit frais.

FONDANT AU CAFÉ ET AUX NOIX

Pour 30 fondants

300 g de pâte de fondant
30 cerneaux de noix
1 blanc d'œuf battu en neige
1 cuillerée à café d'extrait de café
Sucre glace

Étaler le fondant comme une pâte à tarte sur une plaque préalablement saupoudrée de sucre glace.

Répandre quelques gouttes d'extrait de café sur la pâte et la travailler à la main jusqu'à ce que la couleur soit bien homogène. Étendre à nouveau la pâte avec le rouleau sur une épaisseur régulière d'un demi-centimètre.

Découper à l'emporte-pièce des petits ronds du diamètre d'un cerneau de noix. Avec un pinceau, enduire chaque morceau de pâte avec le blanc d'œuf et coller immédiatement un cerneau de noix en appuyant légèrement.

Ces fondants seront mis à sécher dans un endroit frais.

Très bonne conservation.

GLAÇAGE AU CARAMEL

On peut également les glacer au caramel, la présentation n'en sera que plus belle. Mais ce glaçage ne peut pas être fait très longtemps à l'avance. Procéder alors comme pour les fruits déguisés (page 53).

NOIX DE GRENOBLE

Pour 20 bonbons

250 g de fondant nature
50 g de poudre d'amandes
50 g de beurre
2 cuillerées à café d'extrait de café
150 g de noix broyées
20 cerneaux de noix

Glaçage

150 g de fondant nature
1 cuillerée à café d'extrait de café

Dans une terrine placée au bain-marie, mettre le fondant, la poudre d'amandes, le beurre, l'extrait de café et les noix broyées. Chauffer doucement jusqu'à obtenir une pâte homogène (40 °C environ, voir page 20). Couper le feu et laisser refroidir pour que la pâte se rafermisse. Avec deux cuillères, faire des petits tas de pâte gros comme des noix et poser un cerneau sur chacun. Laisser sécher, puis les modeler en forme de boulettes de façon à faire rentrer la noix dans la pâte. Tenir au frais.

LE GLAÇAGE

Il se fait de préférence le lendemain. Faire ramollir le fondant au bain-marie, ajouter le café et avec l'aide d'une fourchette, tremper chaque boule dans le fondant, égoutter et déposer sur un marbre huilé. Quand le fondant est sec, dur et brillant, les noix de Grenoble sont prêtes.

Se gardent 4 à 5 jours au frais.

43

DOUCEURS TRADITIONNELLES

PÂTES DE GUIMAUVE

Pâtes aux œufs du même nom que la fleur utilisée en pharmacie, et qui pourtant n'en contient pas.
Économique, amusant et délicieux. De longs boudins de guimauve noués ou tressés : nœuds de fête inattendus !

Pour 20 « pâtes » environ

200 g de sucre cristallisé
2 cuillerées à soupe d'eau
1 grande cuillerée à soupe de glucose
5 feuilles de gélatine
3 cuillerées à soupe d'eau de fleur d'oranger
2 blancs d'œufs

Enrobage

Une assiette de sucre glace
Colorant (facultatif)

Mettre le sucre et l'eau dans une casserole, cuire au grand boulé sans remuer.
Ramollir la gélatine dans l'eau froide.
Dans une autre casserole, faire fondre le glucose avec la fleur d'oranger, chauffer doucement jusqu'à 60 °C. Ajouter alors la gélatine ramollie et bien égouttée, remuer jusqu'à ce qu'elle ait disparu.
Monter les blancs en neige ferme et, tout en continuant à battre, verser le caramel en un mince filet puis le mélange glucose-gélatine-fleur d'oranger. Les blancs d'œufs vont doubler de volume. Continuer à battre jusqu'à ce que la pâte soit froide, la laisser reposer une heure.
Puis avec deux cuillères à café, disposer des petits tas de pâte gros comme des noix sur l'assiette de sucre glace. Les rouler pour les enrober jusqu'à ce qu'ils ne collent plus.

Les guimauves se conservent plusieurs semaines.

44

BOULES DE GOMME

Pour 20 boules de gomme

100 g de gomme arabique (en pharmacie)
200 g de sucre glace
50 g d'eau de fleur d'oranger

Enrobage

Une assiette couverte de sucre cristallisé blanc ou roux
additionné d'un peu de fécule
Sucre glace (facultatif)

Dans une terrine, mélanger la gomme arabique avec le sucre.
Mouiller avec la fleur d'oranger. Faire tiédir le mélange au bain-
marie en remuant sans arrêt.
Quand la pâte commence à prendre, couper le feu et laisser refroidir.
Avec une cuillère à café, prélever un peu de pâte. Former des boules, les rouler dans l'assiette de sucre, les aplatir légèrement. En 1 h
environ les boules seront sèches. Les mettre dans une boîte et les
saupoudrer, si on veut, d'un peu de sucre glace.

Elles se conservent plusieurs mois.

LA PÂTE D'AMANDE

La poudre d'amande peut être remplacée par de la poudre de noix, de noisettes ou de noix de coco dans les trois préparations.

PÂTE D'AMANDE SIMPLE ET SANS CUISSON

200 g de sucre glace
200 g de poudre d'amandes
2 blancs d'œufs
Colorants, parfums (facultatif)

Mettre dans une terrine le sucre glace, la poudre d'amande, les blancs d'œufs battus à la fourchette, quelques gouttes de parfum et de colorant.
Travailler jusqu'à obtenir une pâte homogène. Étaler la pâte sur un marbre saupoudré de sucre glace.

Se conserve 2 à 3 trois jours.

PÂTE D'AMANDE AU SUCRE CUIT, DITE « FONDANTE »

250 g de sucre en poudre
125 g de poudre d'amandes
1 cuillerée à soupe d'eau

Mettre dans une casserole le sucre, le glucose et l'eau. Porter à ébullition et cuire jusqu'au petit « boulé ». Retirer la casserole du feu et ajouter la poudre d'amandes.
Travailler à la spatule de bois jusqu'à ce que la masse devienne sableuse. Laisser alors refroidir.
Quand la pâte est bien froide, la travailler à la main jusqu'à obtenir une pâte souple et lisse.

Se conserve très bien au frais dans une boîte hermétique pendant 8 à 10 jours.

PÂTE D'AMANDE AU FONDANT

200 g de fondant
100 g de poudre d'amandes
(La quantité d'amandes peut varier de 50 à 25 % pour obtenir une pâte plus ou
moins riche)
Sucre glace éventuellement
Colorants, parfums

Étaler la pâte de fondant sur un marbre ou une plaque saupoudrée de sucre glace (le marbre étant toujours préférable car il est bien froid). Recouvrir de la poudre d'amandes, replier et travailler jusqu'à ce que le sucre ait entièrement absorbé la poudre d'amandes.
Étaler la pâte à nouveau, ajouter quelques gouttes de colorant, un peu d'alcool ou d'essence de fruits. Travailler à nouveau jusqu'à obtenir une pâte bien lisse.

Cette pâte d'amande se conserve très bien au frais dans une boîte hermétique, elle peut même très bien se congeler.

Si, après une longue attente elle avait un peu séché, l'asperger de quelques gouttes d'eau avant de la travailler.
Si au contraire elle est trop molle, ajouter un peu de sucre glace et la faire reprendre au frais.

MASSEPAINS À L'ORANGE

Pour 40 massepains

125 g de poudre d'amandes
125 g de poudre de noisettes
2 blancs d'œufs
250 g de sucre glace
50 g de fruits confits (écorces d'oranges et angélique)
1 cuillerée à café de Grand Marnier

Dans une terrine mélanger la poudre d'amandes, la poudre de noisettes et le sucre glace. Ajouter peu à peu les blancs d'œufs battus à la fourchette.
Travailler le mélange, ajouter le Grand Marnier. Quand la pâte se détache de la terrine, ajouter les fruits confits finement hachés.
Abaisser la pâte au rouleau sur une plaque saupoudrée de sucre glace. Découper des formes à l'emporte-pièce. Décorer d'écorces d'oranges et d'angélique. Laisser sécher.

Se conservent bien pendant 8 jours au frais.

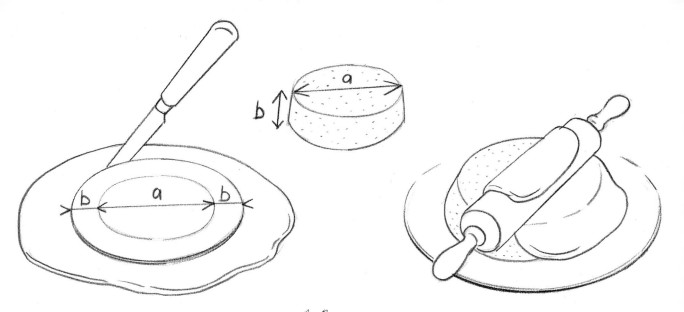

LE DÉCOR EN PÂTE D'AMANDE

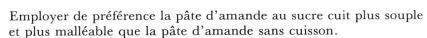

Employer de préférence la pâte d'amande au sucre cuit plus souple et plus malléable que la pâte d'amande sans cuisson.

DÉCOR DES GÂTEAUX

Pour recouvrir entièrement un gâteau de 25 cm de diamètre

200 g de pâte d'amande colorée et parfumée
Un gâteau froid
Un carton ou un fond de moule à tarte
de diamètre égal à celui du gâteau

Déposer le gâteau sur le carton. Étaler la pâte au rouleau sur un marbre saupoudré de sucre glace jusqu'à obtenir une nappe la plus fine possible, 3 mm environ.

Découper un cercle du diamètre du gâteau plus sa hauteur multipliée par deux. Rouler délicatement cette nappe autour du rouleau pour la transporter sur le gâteau. Dérouler, rentrer les plis, égaliser les bords avec un couteau en prenant en main le gâteau sur son support. C'est plus facile et le plat de service reste impeccable.

SUJETS EN PÂTE D'AMANDE

Pour découper des feuilles de formes variées sur la pâte étalée finement, se servir de vraies feuilles comme modèles : houx, hêtre, rosier...

Pour modeler des petits animaux (oiseaux, souris, hérissons, lapins...), partir d'une masse de pâte et la sculpter avec une lame de couteau pointue ou des ciseaux. Pour des roses, préparer un cœur et cinq pétales puis rassembler les pétales autour du cœur en les humectant à la base pour les souder entre eux.

Quand les décors sont secs, ils peuvent être peints avec un petit pinceau fin trempé dans le colorant alimentaire.

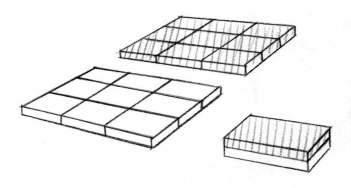

TOURON

Pour environ 40 pièces

300 g de poudre d'amandes
400 g de sucre en poudre
4 cuillerées à soupe d'eau
2 jaunes d'œufs
100 g de miel
4 gouttes de colorant vert
1 cuillerée à soupe d'extrait de café
5 gouttes d'essence d'amandes amères
200 g de pignons de pin (facultatif)

Mettre le sucre et l'eau dans la casserole. Cuire le sirop au petit boulé. Ajouter la poudre d'amandes, remuer et cuire encore quelques minutes jusqu'à ce que la pâte se détache du fond de la casserole.

Ajouter alors le miel puis les jaunes d'œufs. Remuer en maintenant sur feu doux encore 5 mn.

Déposer la pâte sur le marbre huilé, diviser en deux parts égales. Ajouter à l'une le colorant vert et l'essence d'amandes amères, et à l'autre l'extrait de café. Travailler les deux pâtes séparément. Entre quatre règles, ou dans un moule huilé, étaler et tasser la pâte verte puis la pâte au café de façon à faire deux belles couches distinctes. Démouler, détailler en tranches de 1 cm d'épaisseur puis en morceaux à volonté, ou bien encore rouler le touron sur les pignons de pin en appuyant pour qu'ils s'incrustent et couper des rondelles de 1 cm d'épaisseur.

Bonne conservation dans un endroit frais.

FRUITS DÉGUISÉS

Noix, noisettes, amandes ou pistaches déguisées vous permettront de varier vos petits fours pour une plus agréable présentation.

Pour 45 fruits

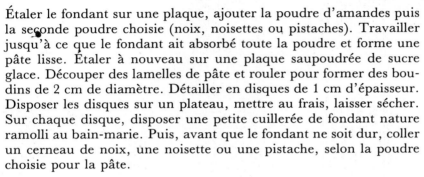

200 g de fondant nature
100 g de poudre d'amandes
100 g de noix, noisettes ou pistaches en poudre
45 noisettes, noix, amandes ou pistaches entières
Sucre glace

Étaler le fondant sur une plaque, ajouter la poudre d'amandes puis la seconde poudre choisie (noix, noisettes ou pistaches). Travailler jusqu'à ce que le fondant ait absorbé toute la poudre et forme une pâte lisse. Étaler à nouveau sur une plaque saupoudrée de sucre glace. Découper des lamelles de pâte et rouler pour former des boudins de 2 cm de diamètre. Détailler en disques de 1 cm d'épaisseur. Disposer les disques sur un plateau, mettre au frais, laisser sécher. Sur chaque disque, disposer une petite cuillerée de fondant nature ramolli au bain-marie. Puis, avant que le fondant ne soit dur, coller un cerneau de noix, une noisette ou une pistache, selon la poudre choisie pour la pâte.

POUR VARIER LA PRÉSENTATION

Quand le fondant est sec, tremper aux trois quarts le fruit déguisé dans le chocolat, en laissant le fondant bien blanc et le fruit apparent.

FRUITS FOURRÉS À LA PÂTE D'AMANDE

Pour 45 fruits

400 g de pâte d'amande
15 pruneaux dénoyautés
15 dattes
15 cerises confites rouges et vertes
Colorants alimentaires (vert et rouge)
Arômes de fruits ou alcools (cognac, rhum, kirsch...)
45 caissettes de papier plissé

Détailler la pâte d'amande en trois morceaux ou « pâtons ».
Étaler le premier pâton, colorer avec trois gouttes de colorant rouge, parfumer avec trois cuillerées à café de cognac, travailler et rouler pour former un boudin gros comme un doigt, détailler en morceaux de 1 cm de long. Préparer chaque pruneau en formant un petit capuchon sur l'index puis les fourrer avec un petit morceau de pâte, égaliser et mettre en caissettes.

Colorer le deuxième pâton en vert, aromatiser au rhum. Dénoyauter et fendre les dattes dans la longueur, les fourrer de pâte verte et mettre en caissettes.

Parfumer le troisième pâton blanc au kirsch. Ouvrir les cerises en deux, introduire un morceau de pâte au milieu, égaliser et refermer, mettre en caissettes.

Les fruits fourrés peuvent être roulés dans le sucre cristallisé avant d'être mis en caissettes, ou glacés dans un caramel très clair. On procédera alors comme pour les fruits frais glacés (voir page 60).

LES CALISSONS

Le calisson, spécialité d'Aix-en-Provence, est une confiserie très riche dont la densité est bien caractéristique des friandises orientales. Par sa forme, le calisson rappelle l'amande dont il est composé pour la plus grande partie. Son nom dérive probablement du mot «calissoun» qui, en Provençal désigne une sorte de clayon ou petit treillis qu'utilisent les confiseurs pour faire sécher les friandises. Le véritable calisson d'Aix-en-Provence garde le secret de sa saveur particulière due en partie à l'amande douce de Provence, relevée d'un peu d'amande amère, mais aussi aux fruits confits : oranges et melons, patiemment nourris de sirop, qu'il cache sous la robe immaculée de la feuille d'hostie qui le couvre. Il est inimitable. Nous laisserons aux spécialistes d'Aix-en-Provence le privilège de la fabrication et du moulage long et minutieux du véritable calisson, mais nous nous régalerons avec une délicieuse confiserie aux amandes, coupée au couteau.

Pour 50 calissons

300 g de sucre cristallisé
3 cuillerées à soupe d'eau
300 g de poudre d'amandes
1 cuillerée à soupe de gelée d'orange ou de liqueur d'orange
3 gouttes d'eau de fleur d'oranger
1 feuille de pain azyme : 35 × 12 cm (facultatif)
200 g de fondant blanc nature

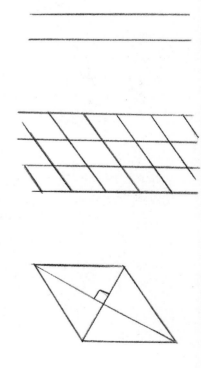

Mettre le sucre et l'eau dans une casserole, cuire jusqu'au filet. Ajouter la poudre d'amandes, la gelée d'orange et la fleur d'oranger. Remuer sans arrêt sur feux doux jusqu'à ce que la pâte se détache du fond de la casserole.
Verser la pâte sur le marbre saupoudré de sucre glace ou sur la feuille de pain azyme. Fraiser la pâte avec la paume de la main, l'abaisser au rouleau jusqu'à obtenir une belle plaque lisse de 1 cm d'épaisseur. Laisser sécher 1 h.
Réchauffer le fondant au bain-marie, quand il est à 30 °C (voir page 20) et liquide, l'étaler régulièrement sur la pâte d'amande avec une grande lame de couteau humide. Laisser sécher à nouveau.
Quand le fondant est dur, couper en losanges réguliers avec un grand couteau trempé dans l'eau chaude. Pour réussir la coupe, garder toujours une lame propre.

Excellente conservation.

LES NOUGATS

LE NOUGAT NOIR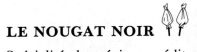

Spécialité des régions méditerranéennes, c'est la « dudulène » en Afrique du Nord.

Pour environ 40 bâtonnets

200 g de miel foncé
200 g de sucre cristallisé
200 g d'amandes entières
200 g de noisettes entières

Dans une poêle, faire griller légèrement les amandes et les noisettes. Maintenir au chaud.
Dans une grande casserole, mélanger le sucre et le miel, cuire sans cesser de remuer, jusqu'au cassé (une goutte de caramel plongée dans un verre d'eau froide doit être dure entre les doigts).
Ajouter les amandes et les noisettes encore chaudes, recuire encore 2 mn. Verser sur un marbre huilé entre quatre règles ou dans un moule, rectangulaire ou carré, huilé.
Quand le nougat est tiède, marquer les bâtonnets avec un couteau huilé. Quand ils sont complètement froids, casser les bâtonnets et les envelopper individuellement.

Excellente conservation.

57

LE NOUGAT BLANC

Pour 600 g de nougat environ

250 g de sucre cristallisé
3 cuillerées à soupe d'eau
1 cuillerée à soupe de glucose
200 g de miel blanc
150 g d'amandes
100 g de pistaches
2 blancs d'œufs et une pincée de sel

Mettre les amandes et les pistaches dans une poêle, les griller légèrement et les maintenir au chaud. Dans une grande terrine, battre les blancs d'œufs salés en neige très ferme.

Préparer deux casseroles : dans l'une mettre le sucre, le glucose et l'eau. Chauffer sans remuer jusqu'au cassé (caramel blanc). Dans l'autre casserole, mettre le miel et cuire légèrement jusqu'au cassé sans cesser de remuer.

Placer la terrine des blancs d'œufs au bain-marie. Battre au fouet électrique et verser d'abord doucement le miel, puis le sucre cuit et chaud sans cesser de battre. Les blancs d'œufs vont cuire et doubler de volume. Remettre alors cette pâte dans une grande casserole et la recuire en tournant sans arrêt pendant environ 5 mn. Vérifier la cuisson : un peu de pâte versée dans un verre d'eau glacée doit former une boule consistante entre les doigts.

Couper le feu, ajouter les pistaches et les amandes chaudes, en soulevant la pâte délicatement.

Verser le mélange dans un moule rectangulaire chemisé d'un papier sulfurisé huilé. Couvrir d'un plat ou d'un autre objet lourd qui tassera la pâte pendant son refroidissement. Laisser reposer 12 h dans un endroit frais.

Puis démouler le nougat, enlever les papiers et laisser encore sécher 12 h sur une grille avant de le découper avec un grand couteau chauffé et huilé.

La consistance finale du nougat dépendra du degré de cuisson du sucre et du miel. Si le nougat est trop mou, c'est que le sucre et le miel n'étaient pas assez cuits.

Traditionnellement la pâte de nougat sèche entre deux feuilles de pain azyme, mais il est très difficile d'en trouver actuellement dans le commerce.

Excellente conservation.

LES CARAMELS SIMPLES

PALETS AUX NOISETTES

Jolie présentation pour décorer un gâteau.

Pour 20 palets

250 g de sucre
4 cuillerées à soupe d'eau
1 cuillerée à soupe de vinaigre de cidre
60 noisettes entières

Dans une petite casserole à fond épais, mettre le sucre, le mouiller avec l'eau et le vinaigre.
Porter à ébullition et cuire jusqu'à obtenir une coloration blond clair sur le bord de la casserole. Éteindre alors le feu et laisser la cuisson s'égaliser. Pendant ce temps, mettre les noisettes dans une poêle, les faire griller légèrement et les maintenir chaudes.
Hors du feu, mettre trois noisettes dans le caramel. Tremper une petite cuillère dans ce caramel, attendre qu'elle soit chaude pour sortir les noisettes, le caramel se détachera plus facilement.
Déposer les noisettes sur un marbre ou une plaque huilée, laisser le caramel s'étaler pour former un palet.
Quand les palets sont froids, les décoller soigneusement à la spatule.

A l'abri de l'humidité, ils se conservent plusieurs jours.

FRUITS FRAIS GLACÉS

Pour 15 quartiers d'oranges
ou 8 petites clémentines entières
ou 20 gros grains de raisins verts et noirs

250 g de sucre cristallisé
3 cuillerées à soupe d'eau
1 grande cuillerée à soupe de glucose
Caissettes de papier plissé

Préparer les fruits avec beaucoup de soin, car de là dépend directement le temps de conservation. Les maintenir à température ambiante : il ne faut pas tremper des fruits qui sortent du réfrigérateur.

Éplucher les clémentines ou les oranges, en enlevant le blanc sans les «écorcher».

Détacher les quartiers d'oranges, laisser les clémentines entières si elles sont très petites.

Détacher les grains de raisin avec des ciseaux pour ne pas arracher la queue, les laver et les sécher.

Préparer un caramel cuit au cassé. Plonger un à un les fruits dans le caramel, les retourner et les égoutter avec une fourchette à fondue sans les piquer.

Déposer et laisser refroidir les fruits sur un marbre huilé. Les détacher du marbre avec la spatule sans les casser. Mettre en caissettes.

Les fruits se conservent une journée dans un endroit sec et frais.

NOIX GLACÉES

Décorent agréablement un dessert aux noix.

Pour 30 cerneaux de noix

200 g de sucre cristallisé
2 cuillerées à soupe d'eau
1 cuillerée à soupe de vinaigre ou de glucose

Dans une petite casserole, mettre le sucre, l'eau, le vinaigre ou le glucose. Cuire jusqu'au cassé en suivant la recette de base.

Plonger une fourchette à fondue dans le caramel jusqu'à ce qu'elle devienne chaude. Tremper un par un les cerneaux de noix, et les égoutter avant de les déposer sur un marbre huilé.

Quand les 30 cerneaux de noix sont durs et froids, les décoller avec la spatule.

A l'abri de l'humidité, se conservent 3 à 4 jours.

AMANDES GLACÉES

Pour 30 amandes émondées bien sèches

200 g de sucre cristallisé
2 cuillerées à soupe d'eau
1 cuillerée à soupe de vinaigre ou de glucose
2 gouttes de colorant vert

Préparer un caramel au cassé comme pour les noix, ajouter le colorant et tremper les amandes.

Dans un bocal à l'abri de l'humidité, ils se conservent 3 à 4 jours.

PASTILLES ET SUCETTES

Pour 30 pastilles ou 10 sucettes

20 morceaux de sucre
1/2 cuillerée à café de vinaigre
2 cuillerées à soupe d'eau
20 g de beurre
20 g de noisettes
20 g d'amandes hachées
10 bâtonnets pour les sucettes

Dans une casserole, mettre le sucre, le vinaigre et l'eau. Quand le sucre est mouillé, chauffer sans remuer jusqu'à obtenir un caramel blond. Ajouter le beurre et le hachis noisettes-amandes. Mélanger, recuire quelques instants au cas où le caramel serait trop pâle.
Verser des gouttes sur le marbre huilé pour faire des pastilles.
Pour les sucettes, verser la valeur d'une cuillerée à dessert de caramel sur le marbre et, avant qu'il ne soit dur, modeler la sucette, introduire le bâtonnet. Laisser durcir les sucettes.

Conserver au frais, à l'abri de l'humidité.

PASTILLES ACIDULÉES

250 g de sucre cristallisé
3 cuillerées à soupe d'eau
1 cuillerée à soupe de vinaigre de cidre
1 pincée d'acide citrique (en pharmacie)
3 gouttes d'essence de fruits

Dans une petite casserole mettre le sucre, mouiller avec l'eau et le vinaigre, cuire au cassé. En fin de cuisson, ajouter l'acide citrique et l'essence de fruits. Avec une petite cuillère chauffée dans le caramel, déposer des gouttes de caramel sur le marbre huilé. Si le caramel épaissit, réchauffer légèrement la casserole avant de continuer. Quand les pastilles sont dures, les décoller avec la spatule.

BONBONS À LA MENTHE

250 g de sucre cristallisé
3 cuillerées à soupe d'eau
1 cuillerée à soupe de vinaigre de cidre
3 gouttes d'alcool de menthe

Dans une petite casserole mettre le sucre, mouiller avec le vinaigre et l'eau. Cuire au cassé. En fin de cuisson ajouter 3 gouttes de menthe. Verser la valeur d'une cuillerée à café de caramel sur un moule recouvert de 1 cm de poudre d'amidon. Laisser prendre et refroidir les bonbons avant de les sortir.

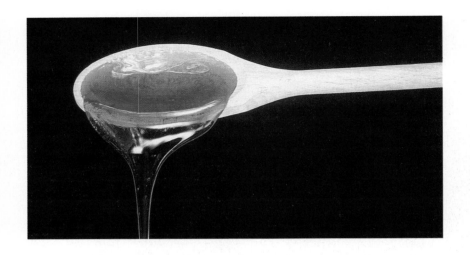

LES CHEVEUX D'ANGES

Joli décor pour une pièce montée en choux caramélisés.

200 g de sucre cristallisé
1 grande cuillerée de glucose
3 cuillerées à soupe d'eau

Dans une petite casserole, mettre le sucre, le glucose et l'eau, cuire jusqu'à obtenir un caramel blond clair. Couper le feu, laisser le caramel refroidir un peu. Au moment où il commence à épaissir, tremper une fourchette dans la casserole et tirer le caramel par petites quantités de façon à former des fils les plus longs possibles. Les déposer sur le marbre ou directement sur la pièce montée que l'on veut garnir.

Les cheveux d'anges sont très sensibles à l'humidité et à la chaleur, ils ne se garderont que quelques heures.

LE CARAMEL LIQUIDE

Pour décorer et parfumer des crèmes renversées par exemple.

200 g de sucre cristallisé
1 cuillerée à soupe de vinaigre
3 cuillerées à soupe d'eau
1 verre d'eau très chaude

Dans une casserole mettre le sucre, le mouiller avec le vinaigre et trois cuillerées à soupe d'eau. Chauffer et cuire jusqu'à obtenir un caramel blond foncé. Couper le feu et verser sur le caramel un verre d'eau très chaude, ce caramel est « éteint ». Remettre sur feu doux encore quelques minutes jusqu'à ce que le mélange soit homogène.

Dans un bocal fermé, il se conservera plusieurs mois.

UNE ASTUCE

Pour ne pas perdre le caramel qui pourrait rester après le trempage des fruits glacés, par exemple, remettez la casserole sur le feu pour obtenir un caramel blond foncé et « éteignez-le » avec un peu d'eau chaude.

LES PRALINES

Les pralines sont des spécialités bien françaises. La véritable « praline de Montargis » doit sa célébrité au Sieur du Plessis de Praslin, duc de Choiseul, maréchal de France, qui fit une brillante carrière militaire au service de Louis XIII. Fin gourmet, il s'intéressait aussi beaucoup à la gastronomie et lorsque son « officier de bouche » nommé Lassagne lui présenta des amandes entourées de caramel, il lui fit grand honneur et présenta ces nouvelles sucreries à la cour. C'est alors qu'on les nomma « pralines ». Et pourquoi de Montargis ? eh bien, tout simplement parce que son inventeur s'y retira et y perfectionna sa recette.

Depuis, les fabricants de pralines se sont multipliés et les entreprises se sont modernisées pour fabriquer ces remarquables pralines aux amandes. Nous leur laisserons cette spécialité pour les « pralines de foire » plus simples à réaliser.

Pour 500 g de pralines

250 g de sucre cristallisé
1/4 de litre d'eau
250 g de cacahuètes crues (non grillées) ou de noisettes ou d'amandes
2 sachets de sucre vanillé
50 g de cacao amer pour des pralines au chocolat

Les fruits doivent rester dans leur peau brune sinon le sucre ne s'accrochera pas dessus.
Dans une petite bassine à confiture — l'idéal étant une bassine en cuivre à fond arrondi — mettre le sucre, l'eau et les amandes. Pour des pralines au chocolat, ajouter 50 g de cacao amer.
Cuire jusqu'au filet. A partir de ce moment remuer sans arrêt avec une grande cuillère en bois, jusqu'à ce que le sucre se trouble et finalement se transforme en sable. Baisser alors le feu. Racler les bords de la bassine pour détacher le sucre, relever la flamme et remuer vigoureusement.
Pendant que le sucre fond, ajouter le sucre vanillé et tourner jusqu'à ce que les pralines soient totalement enrobées.
Verser sur un marbre huilé, séparer les pralines pour qu'elles ne se collent pas entre elles. Quand elles sont totalement refroidies mettre en bocal.

Excellente conservation.

LES CARAMELS ENRICHIS

CARAMELS DURS AU LAIT

Pour 50 caramels

1 dl de lait
50 g de beurre
100 g de sucre cristallisé
50 g de miel

Mettre le lait, le beurre, le sucre, le miel dans une grande casserole. Cuire à feu moyen en remuant constamment le mélange avec une cuillère en bois.

Quand la préparation épaissit et commence à prendre une belle couleur blond clair, arrêter le feu pour vérifier la cuisson. Pour un caramel dur, il faut attendre le stade du cassé. Dans un verre d'eau glacée une goutte de caramel doit durcir immédiatement et rouler sur le marbre. Au cas où elle serait encore molle, recuire quelques instants et vérifier à nouveau.

Verser le caramel sur un marbre huilé. Former un beau rectangle de 1 cm d'épaisseur en relevant les bords de la nappe avec les spatules jusqu'à ce qu'elle ne s'étale plus, ou employer quatre règles métalliques (voir page 21).

Quand le caramel est refroidi mais pas encore dur, retourner la plaque et marquer des bâtonnets de 8 à 10 cm de long et de 1 cm de large avec un grand couteau huilé.

Casser quand les caramels sont complètement durs. Envelopper chaque bâtonnet dans une demi-feuille de cellophane à confiture.

On fera de délicieux colliers en glissant un fil de laiton dans la cellophane.

Excellente conservation.

CARAMELS MOUS
AU CHOCOLAT OU AU CAFÉ

Pour 50 caramels

1 cuillerée à soupe de glucose
200 g de sucre cristallisé
200 g de crème fraîche
100 g de miel
50 g de café soluble ou 50 g de cacao

Dans une grande casserole (le mélange monte énormément), mettre le sucre et la crème. Quand le mélange est fondu, ajouter le miel et le glucose. Porter à ébullition en tournant sans arrêt, jusqu'à obtenir une pâte lisse blond clair. Ajouter le café ou le cacao (préalablement délayé dans un peu d'eau tiède). Laisser reprendre l'ébullition.
Vérifier le degré de cuisson. Pour un caramel mou, aller jusqu'au grand boulé : une goutte de caramel tombée dans un verre d'eau froide formera une boule malléable entre les doigts.
Couler le caramel entre quatre règles sur un marbre huilé ou dans un moule à gâteau carré bien huilé également, afin d'obtenir une couche de 1 cm d'épaisseur. Si on utilise un moule à caramels, le déposer sur le caramel tiède, appuyer et laisser refroidir. A défaut, découper le caramel tiède en carrés réguliers avec un couteau huilé. Quand les caramels sont bien froids, les envelopper dans des carrés de cellophane.

Excellente conservation.

CARAMELS AU RHUM

Préparer des caramels mous selon la recette ci-dessus (sans café) et ajouter en fin de cuisson 100 g de raisins secs macérés dans deux grandes cuillères à soupe de rhum. Ne pas ajouter le rhum qui n'a pas été absorbé par les raisins.

CARAMELS AUX FRUITS SECS

Préparer des caramels mous (ci-dessus). Verser le caramel sur le marbre. Avant que la pâte ne refroidisse, étaler régulièrement, en appuyant légèrement, 100 g de mélange de noix, noisettes et amandes hachées et grillées encore chaudes.

CARAMELS À L'ORANGE

Hacher 100 g d'oranges confites en les passant quelques secondes au mixer. Les faire macérer dans une liqueur d'orange.
Préparer des caramels mous selon la recette ci-dessus. En fin de cuisson, ajouter le hachis d'écorces d'oranges bien égoutté.

Excellente conservation.

CARAMELS AU CHOCOLAT FONDANT

Pour 30 caramels

125 g de chocolat (riche en cacao)
200 g de sucre cristallisé
125 g de miel
125 g de beurre ou de crème épaisse

Mettre tous les ingrédients dans une grande casserole et faire fondre le tout à feu doux en tournant sans arrêt avec une cuillère en bois. Augmenter progressivement la chaleur sans cesser de tourner. Quand le mélange a bouilli 10 mn environ, vérifier le degré de cuisson. Pour cela, verser une cuillerée à café de caramel dans un bol d'eau très froide : le caramel pris entre les doigts doit former une boule plus ou moins dure selon la consistance finale désirée.

Quand le point de cuisson souhaité est atteint, verser la pâte dans un moule huilé ou sur le marbre huilé entre quatre règles. Laisser refroidir. Avant que la pâte ne soit tout à fait dure, couper les caramels avec un couteau huilé ou le moule à caramels.

Enveloppés individuellement dans de la cellophane, les caramels se conservent très bien.

TOFFEES

Caramels mous anglais

Pour environ 50 toffees

300 g de sucre cristallisé
100 g de crème aigre
2 cuillerées à café d'extrait de vanille
2 cuillerées à café de whisky

Dans une grande casserole, faire fondre le sucre et la crème. Porter à ébullition en tournant sans arrêt.

Quand le mélange commence à épaissir (10 à 15 mn), ajouter la vanille et le whisky.

Continuer la cuisson jusqu'à ce que le mélange se détache de la casserole. Verser alors sur un marbre huilé.

Découper la pâte encore tiède en carrés réguliers, soit avec un moule à caramels, soit avec un couteau huilé.

Emballer les caramels quand ils sont bien froids.

Excellente conservation.

HOPJES À LA FRANÇAISE

250 g de sucre cristallisé
3 cuillerées à soupe d'eau
1 cuillerée à soupe de glucose
2 noix de beurre
1 cuillerée à dessert de poudre de café lyophilisé
dilué dans 3 gouttes d'eau

Mettre le sucre, l'eau et le glucose dans une casserole, cuire au cassé, puis ajouter le beurre et le café, remuer. Verser sur le marbre, relever les bords de la nappe avec les spatules jusqu'à ce qu'elle ne s'étale plus. Prendre en main, tirer la pâte en un long ruban et recommencer jusqu'à ce qu'il soit nacré. Couper avec des gros ciseaux sans tourner le ruban, pour former des bonbons qui doivent avoir la forme d'un petit coussin carré de 1 cm de côté.

Excellente conservation.

71

BUTTER SCOTH

J'ai rencontré trois orthographes pour le même caramel : butter scot, butter scoth, butter scotch !

Pour environ 50 butter scoth

225 g de sucre cristallisé
75 g de glucose cristal ou en poudre
100 g d'eau
50 g de beurre

Mettre le sucre, le glucose et l'eau dans une grande casserole (si vous employez le glucose en poudre du pharmacien, ajouter 50 g d'eau). Chauffer sans cesser de remuer. Quand la pâte est homogène, arrêter de remuer et laisser cuire jusqu'à ce que le mélange soit coloré, ajouter alors le beurre en petits morceaux, remuer et reprendre l'ébullition.
Couler le mélange sur un marbre huilé, relever les bords de la nappe (1 cm d'épaisseur). Quand celle-ci est encore chaude, marquer les carrés avec un couteau huilé. Casser les morceaux quand ils sont complètement froids et durs.

Conserver dans une boîte à l'abri de l'humidité.

DOUCEURS AU SUCRE ROUX

Pour 50 bonbons

400 g de sucre roux
150 g de mélasse
50 g de beurre
2 cuillerées à soupe de jus de citron

Mettre le sucre, la mélasse, le beurre et le jus de citron dans une casserole. Porter à ébullition et terminer comme pour les butter scoth. On obtient des caramels colorés et de goût très fort.

POMMES D'AMOUR

6 petites pommes rouges
500 g de sucre cristallisé
2 cuillerées à soupe d'eau
100 g de beurre
1 cuillerée à café de jus de citron
10 gouttes de colorant alimentaire rouge
6 bâtonnets de bois (tuteurs par exemple)

Laver et essuyer soigneusement les petites pommes rouges. Enlever les queues et les remplacer par des bâtonnets assez longs. Dans une petite casserole, mettre le sucre, l'eau, le jus de citron et le beurre coupé en petits morceaux.

Placer sur feu moyen. Quand le mélange est fondu, augmenter la source de chaleur, en tournant de temps en temps. Laisser cuire jusqu'au cassé. Quand le sirop commence à se colorer sur le bord de la casserole, couper le feu et ajouter le colorant.

Tremper chaque pomme dans le caramel en la faisant tourner pour l'enrober entièrement. La plonger aussitôt quelques secondes dans un grand saladier d'eau froide en continuant de la faire tourner. Piquer le bâtonnet dans un support assez lourd, un saladier rempli de sucre en poudre par exemple, jusqu'au moment de déguster.

Des pommes d'amour piquées dans un anneau de polystyrène recouvert de papier crépon vert, de branches de houx, de gui ou de sapin : une superbe couronne de Noël à rougir de plaisir !

FUDGE

Caramel fondant américain, le fudge est apprécié car il fond dans la bouche. Il a une consistance un peu granuleuse.

Pour environ 50 caramels

200 g de lait concentré non sucré
200 g de sucre
100 g de glucose liquide ou en poudre
100 g de beurre
Quelques gouttes d'essence de vanille
ou 2 sachets de sucre vanillé
Facultatif : 100 g de chocolat

Dans une grande casserole, porter le lait à ébullition. Ajouter le sucre, le glucose et le beurre. Faire reprendre l'ébullition en remuant constamment.
Laisser cuire jusqu'au petit boulé : une goutte de caramel versée dans un verre d'eau froide formera une boule très malléable entre vos doigts.
Arrêter la cuisson et plonger la casserole dans l'eau froide, l'incliner et battre vigoureusement la pâte jusqu'à ce qu'elle épaississe et perde son brillant. Étaler alors cette pâte sur le marbre huilé. Égaliser avec la spatule ou le rouleau à pâtisserie. Découper les caramels encore tièdes.
Le fudge peut être aromatisé au chocolat. Il suffit d'ajouter 100 g de chocolat fondu au bain-marie à la fin de la cuisson du caramel.

Excellente conservation.

FLORENTINS

Pour 50 florentins

160 g de crème fraîche
150 g de sucre cristallisé
50 g de miel blond
100 g d'écorces d'oranges confites
40 g de cerises confites vertes
100 g d'amandes effilées

Enrobage

200 g de chocolat en tablette

Couper les écorces d'oranges et les cerises en petits morceaux. Griller légèrement les amandes.

Dans une grande casserole mettre la crème, le sucre et le miel. Chauffer en remuant sans arrêt jusqu'à obtenir un caramel blond cuit au boulé. Ajouter les fruits confits et les amandes, recuire quelques instants.

Sur une plaque de four huilée, déposer avec une cuillère à café des petits tas de pâte en les espaçant suffisamment car ils s'étaleront en cuisant. Mettre au four pendant 10 mn en chauffant à 200° (thermostat 5). Laisser les florentins refroidir sur la plaque puis les détacher à la spatule.

Quand ils sont bien froids, étaler au couteau une mince couche de chocolat fondu sur la surface lisse de chacun. Les déposer, côté chocolat, sur une feuille de rodhoïd. Quand le chocolat est dur, les détacher. Le chocolat sera alors brillant.

Délicieux et de jolie présentation, les florentins se conservent très bien.

LA NOUGATINE

RECETTE DE BASE

250 g de sucre cristallisé
ou de fondant (recette page 38)
4 cuillerées à soupe d'eau
2 grandes cuillerées à soupe de glucose
60 g de noisettes et amandes broyées
ou de noix et cacahuètes broyées

Cette proportion convient pour la quantité de nougatine que vous avez le temps de mettre en forme avant qu'elle ne durcisse. Si vous voulez en faire une plus grande quantité, renouveler l'opération plusieurs fois.

Mettre le sucre et le glucose dans une petite casserole. Porter à ébullition sans remuer et poursuivre jusqu'à obtenir un caramel blond. Pendant ce temps, hacher finement les fruits secs, sans les réduire en poudre. Griller légèrement ce hachis dans une poêle et le garder au chaud. Verser le hachis encore chaud dans la casserole de caramel blond. Mélanger rapidement et laisser reprendre l'ébullition pendant 1 à 2 mn jusqu'à ce que la nougatine prenne une jolie couleur soutenue.

Verser la pâte sur le marbre huilé. Relever les bords de la nappe avec la spatule jusqu'à ce qu'elle ne s'étale plus. Prendre dans les mains et mettre en forme le plus vite possible.

Pour préparer une nougatine qui se conservera plusieurs jours sans « mouiller », remplacer les 250 g de sucre cristallisé par 250 g de fondant. Le faire fondre doucement dans la casserole, ajouter le glucose et continuer suivant la recette de base.

LE DÉCOR EN NOUGATINE

Travailler la nougatine comme de la pâte à tarte sur une planche à pâtisserie avec un rouleau. Mais attention : ici il faut être très rapide. La première chose est donc de bien savoir ce que l'on veut faire, car il est impossible d'hésiter et de recommencer. Vous pouvez travailler avec des gants de caoutchouc pour ne pas vous brûler.

COUPE EN NOUGATINE

Verser la nougatine sur un marbre huilé, laisser la nappe s'étaler sans la travailler. Dès que c'est possible, la retourner avec la spatule. La tirer à la main pour qu'elle soit bien fine et la mouler sur un saladier renversé. Faire rentrer les plis et maintenir en forme jusqu'à complet refroidissement.

DÉCOR D'UN GÂTEAU

Étaler la pâte avec le rouleau directement sur le fond d'un moule à tarte de même diamètre que le gâteau. Égaliser les bords du cercle avec une paire de ciseaux. Couper les parts quand la pâte est encore chaude et relever le sommet des triangles.

GOBELETS INDIVIDUELS

Ne prélever que la quantité nécessaire pour une pièce. Maintenir le reste de la nougatine au chaud dans la casserole, en veillant bien à ce qu'elle ne se colore pas trop. Façonner comme la coupe précédente sur des récipients plus petits.

MINI-TARTELETTES

Verser la nougatine sur une poêle anti-adhésive chaude. Prélever une noisette de nougatine avec les doigts, couper aux ciseaux et mettre en forme dans un petit moule. Prévoir un jeu de trois ou quatre moules pour que les tartelettes aient le temps de refroidir avant d'être démoulées.

En travaillant rapidement, on aura le temps de façonner 35 tartelettes avec une portion de nougatine (page 76).

LE PRALIN

LE PRALIN

Écraser toutes les chutes de nougatine sur le marbre avec le rouleau à pâtisserie. Cela fera un excellent pralin qui se conservera très bien et parfumera crèmes et glaces.

LES PÂTES DE FRUITS

Pour faire une pâte de fruit, il faut d'abord isoler la pulpe pour remplacer l'eau qu'elle contient par du sucre. Certains fruits comme le coing ou la pomme contiennent naturellement assez de pectine et d'acide citrique pour que l'opération se fasse facilement et assez rapidement. D'autres, comme la fraise ou la banane, demandent un complément de gélifiant pour éviter une cuisson trop prolongée qui dénature le goût et la couleur. Cet apport de pectine et d'acide citrique pourra se faire indifféremment en employant du sucre «spécial confitures», ou en ajoutant environ 50 g de poudre gélifiante par kilo de sucre.

PÂTE DE COINGS (RECETTE DE BASE TRADITIONNELLE)

1 kg de fruits pour obtenir 500 g de pulpe
500 g de sucre cristallisé

Laver les fruits pour enlever le duvet qui les recouvre. Les couper en quatre ou en six, suivant leur grosseur. Mettre les morceaux dans une bassine, en cuivre de préférence, bien évasée pour permettre une bonne évaporation. Recouvrir les fruits d'eau. Porter à ébullition pendant 15 mn. Quand la chair des fruits est tendre, les placer sur un tamis, les égoutter rapidement (mettre de côté le jus qui servira à faire une excellente gelée). Passer les fruits à la moulinette pour obtenir une belle compote lisse débarrassée des peaux et des pépins.
Remettre cette compote dans la bassine, ajouter le même poids de sucre, mélanger et porter à ébullition. Maintenir pendant 15 mn environ sans cesser de remuer car le mélange saute et attache très facilement. Quand il épaissit et que la cuillère laisse la trace de son mouvement dans le fond de la bassine, arrêter la cuisson. Couler la pâte dans un moule carré ou rectangulaire chemisé d'un papier sulfurisé huilé. La nappe doit avoir à peu près 1 cm d'épaisseur. Laisser refroidir et reposer pendant 12 h. Quand la pâte est bien sèche sur le dessus, la retourner sur une grille, enlever le papier et laisser sécher encore 12 h.

Découper des carrés de 2 cm de côté et les rouler dans le sucre cristallisé.

Les pâtes de fruits peuvent se conserver environ deux mois dans un endroit sec et frais.

PÂTE DE POMMES

Pour 25 à 30 pâtes de fruits

1 kg de pommes
500 g de sucre cristallisé
Éventuellement le jus d'un citron
ou un petit verre de Calvados

Choisir des pommes à peine mûres et si possible un peu acidulées.
Procéder exactement de la même manière que pour les coings
(page 79) en ramenant la cuisson des quartiers de pommes à 10 mn.
Pour renforcer le goût, on peut ajouter le jus d'un citron ou un petit
verre à liqueur de calvados à la fin de la cuisson de la pâte.

PÂTE DE BANANES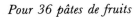

Pour 36 pâtes de fruits

1 kg de bananes
Le jus d'un citron
500 g de sucre et 50 g de gélifiant à confiture
ou 500 g de sucre pour confiture

Éplucher les bananes, les arroser d'un jus de citron pour qu'elles
restent bien blanches. Passer au mixer. Ajouter le sucre.
Mettre le tout dans la bassine à confitures. Porter à ébullition. Ajouter le gélifiant mélangé à une grande cuillerée de sucre. Laisser
bouillir 10 mn sans cesser de remuer.
Quand la purée épaissit et que la cuillère « trace » au fond de la bassine, verser la pâte dans le moule chemisé de papier huilé. Terminer
comme pour les pâtes de coings (page 79).

PÂTE DE FRAMBOISES, DE FRAISES,
DE MÛRES OU DE CERISES

Pour 50 pâtes de fruits

1 kg de fruits
800 g de sucre cristallisé et 80 g de gélifiant
ou 800 g de sucre pour confiture

Laver les fruits, les passer au mixer, mettre la compote dans une
bassine à confitures. Ajouter le sucre et le gélifiant. Chauffer et
maintenir l'ébullition pendant 10 mn par kilo de fruits.
Tous ces fruits peuvent être préparés séparément ou mélangés. Par
exemple une proportion de 2/3 de groseilles et 1/3 de cassis donne un
résultat excellent.
Terminer comme pour la pâte de coings (page 79).

PÂTE À L'ORANGE ET AU CITRON

Pour 60 carrés

10 oranges (non traitées)
4 citrons (non traités)
1 kg de sucre cristallisé et 100 g de gélifiant
ou 1 kg de sucre pour confiture
2 dl d'eau

Laver et brosser soigneusement les agrumes. Avec un épluche-légumes, prélever l'écorce des oranges et des citrons. Faire blanchir ces écorces 5 mn à l'eau bouillante, les rafraîchir dans l'eau glacée avant de les hacher finement.
Extraire le jus des fruits. Réserver un bol de sucre et lui ajouter le gélifiant, bien mélanger. Avec le reste du sucre et l'eau, faire un sirop cuit au « nappé ». Ajouter les zestes et le jus des fruits, cuire à nouveau au « nappé ». Sans arrêter de tourner, ajouter le mélange sucre-gélifiant et cuire encore pendant 15 mn.
Quand le mélange épaissit, couper le feu, laisser tiédir et verser sur un marbre huilé, entre quatre règles.
Laisser sécher 12 h, puis retourner la pâte et attendre encore 12 h avant de la couper en carrés.
Rouler les pâtes de fruits dans le sucre cristallisé.

Excellente conservation.

PÂTE DE GROSEILLES, DE CASSIS

Pour 50 pâtes de fruits

1 kg de fruits
Un verre d'eau
800 g de sucre

Égrener et laver les fruits, les mettre dans une bassine à confitures, ajouter l'eau. Porter à ébullition, maintenir pendant 2 mn. Quand les fruits ont éclaté, les passer au mixer. Remettre la compote dans la bassine, ajouter le sucre. Chauffer, maintenir l'ébullition à gros bouillons pendant 10 mn par kilo environ, sans cesser de remuer.
Terminer comme pour la pâte de coings (page 79).

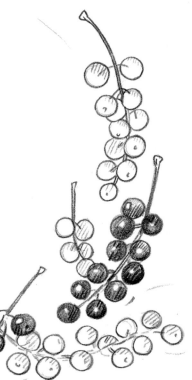

PÂTE DE RHUBARBE

Pour 50 pâtes de fruits environ

1 kg de rhubarbe
1 kg de sucre pour confiture
ou 1 kg de sucre cristallisé et 100 g de gélifiant
Une noix de beurre
2 gouttes de colorant vert

Éplucher et couper la rhubarbe en petits morceaux. Mettre les morceaux dans la bassine à confitures, couvrir avec le sucre. Laisser macérer pendant 2 ou 3 h. Quand le sucre est entièrement dissous, porter à ébullition.

Laisser bouillir à gros bouillons pendant 5 à 6 mn et passer au mixer pour obtenir une purée épaisse. Remettre sur le feu et laisser bouillir encore 10 mn à feu vif sans cesser de remuer. En fin de cuisson, ajouter le beurre pour faire disparaître l'écume puis le colorant. Quand la pâte épaissit, verser sur un marbre huilé entre quatre règles ou dans un moule rectangulaire chemisé d'un papier sulfurisé. Terminer comme pour les pâtes de coings (page 79).

Des lettres en pâtes de fruit personnaliseront un gâteau et les assiettes du dessert.

PÂTES DE FRUITS RAPIDES

En toutes saisons et très facilement, on peut réaliser d'excellentes et jolies pâtes de fruits avec des fruits au sirop.

Pour 36 pâtes de fruits environ

Une boîte de 1 kg de fruits au sirop (500 g de fruits égouttés)
400 g de sucre cristallisé et 50 g de gélifiant à confitures
ou 400 g de sucre à confitures
Une noix de beurre

Les fruits au sirop qui conviennent le mieux à cette recette sont les abricots et les ananas. Les pêches et les poires, un peu fades, demandent à être rehaussées d'un peu d'alcool ou de liqueur.

Égoutter les fruits. Les passer au mixer. Mettre la compote dans une bassine à confiture avec le sucre cristallisé et le gélifiant intimement mélangés. Faire bouillir à gros bouillons pendant 10 mn. Ajouter le beurre pour faire tomber l'écume.

Verser la pâte dans un moule chemisé d'un papier sulfurisé huilé. Laisser sécher 12 h. Retourner la plaque sur une grille et laisser sécher encore 12 h avant de découper en cubes de 2 cm. Rouler les cubes dans le sucre cristallisé.

Les pâtes de fruits se conservent très bien dans un endroit sec et frais pendant plusieurs semaines.

CUBES À LA GELÉE DE FRUITS

CUBES À LA GELÉE D'AGRUMES

La jolie couleur translucide et la consistance un peu élastique de ces friandises vous assurent d'un grand succès.

Pour environ 30 cubes

1/4 de litre de jus de fruit (oranges, pamplemousses, citrons...)
100 g de sucre cristallisé
4 feuilles de gélatine
1 cuillerée à soupe de glucose
2 gouttes de colorant (facultatif)
Quelques gouttes d'essence de fruit (facultatif)

Faire bouillir le jus de fruit, ajouter le sucre et le glucose, laisser bouillir à gros bouillons pendant 10 mn. Éteindre le feu. Pendant ce temps faire fondre la gélatine dans un grand bol d'eau froide. Quand la température du sirop est retombée à 60°, ajouter la gélatine égouttée et remuer jusqu'à ce qu'elle soit complètement dissoute. Un peu d'écume peut se former mais elle disparaîtra quand la gelée sera prise.
Verser le contenu de la casserole dans un bac à glaçons légèrement humide. Laisser prendre au frais pendant 3 h au moins.
Quand la gelée est prise, démouler en passant le moule sous un filet d'eau chaude. Couper les cubes avec un couteau mouillé.
Pour rehausser le goût et la couleur, on peut ajouter quelques gouttes d'essence de fruits et des colorants.

Se conservent bien pendant une dizaine de jours.

LES FRUITS SEMI-CONFITS

CLÉMENTINES ENTIÈRES

1 kg de clémentines
1 kg de sucre cristallisé
1 litre d'eau
1 cuillerée à café de sel

Choisir des clémentines très petites, à peau fine et pas trop mûres, les laver, les percer de quelques trous avec une aiguille. Les plonger dans une grande casserole d'eau bouillante salée pendant 5 mn, puis 5 mn encore dans l'eau glacée.

Pendant ce temps, préparer un sirop avec l'eau et le sucre, cuire jusqu'à ce que le sirop « nappe » l'écumoire.

Essuyer les clémentines et les mettre dans le sirop. Porter à ébullition pendant 5 mn. Arrêter le feu. Couvrir.

Pendant 6 jours de suite, redonner un bouillon de 5 mn. Le sixième jour sortir les clémentines du sirop et les déposer sur une grille. Laisser sécher 12 h.

Se conservent un mois.

Les clémentines ainsi préparées peuvent aussi macérer dans l'alcool. Les mettre alors dans un bocal avec le sirop et les recouvrir d'alcool à fruits. Fermer le bocal et ne pas l'ouvrir avant deux mois.

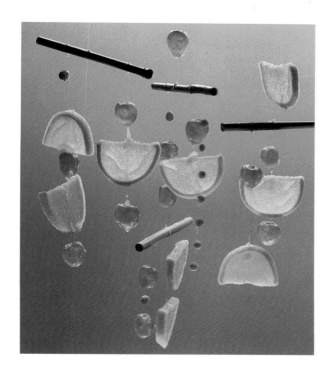

ÉCORCES D'ORANGES, DE CITRONS OU DE PAMPLEMOUSSES

5 fruits non traités à peau épaisse
pour obtenir
250 g d'écorces
500 g de sucre cristallisé
1/2 litre d'eau

Découper la peau des oranges en quartiers bien réguliers. Mettre les quartiers dans une grande casserole, recouvrir d'eau et faire bouillir pendant 10 mn.
Égoutter les peaux et les plonger dans l'eau froide pendant 2 mn, égoutter à nouveau.
Pendant ce temps, préparer un sirop avec le sucre et l'eau. Cuire le sirop jusqu'à ce qu'il « nappe » l'écumoire plongée dedans. Mettre les écorces égouttées dans le sirop, porter à ébullition pendant 5 mn. Éteindre le feu, couvrir et laisser macérer jusqu'au lendemain.
Pendant 6 jours de suite renouveler l'opération en donnant un bouillon de 5 mn. Chaque jour, le sirop se concentrera davantage.
Le 6e jour, après le bouillon de 5 mn, prendre les écorces avec l'écumoire. Les déposer sur une grille. Laisser sécher pendant 12 h. Quand elles ne collent plus, les ranger dans une boîte hermétique.

On peut confire de la même manière des rondelles d'oranges ou de citrons de 5 mm d'épaisseur environ, pour le décor des gâteaux ou des tartes à l'orange ou au citron.
Une idée légère : un mobile tout en fruits confits !

LES MARRONS GLACÉS

1 kg de marrons prêts à glacer
(1,5 kg avant épluchage environ)
1 litre de lait
Une gousse de vanille

Glaçage

800 g de sucre cristallisé
200 g de glucose
1 l d'eau

Marrons confits à l'alcool : cognac

Choisir des gros marrons de Naples bien frais, l'épluchage sera plus facile. Fendre tout le tour de la partie arrondie des marrons avec un petit couteau pointu.
Jeter les marrons fendus dans l'eau bouillante. Maintenir l'ébullition pendant 5 mn. Éteindre le feu, sortir les marrons par petites quantités et enlever les deux peaux à la fois sans oublier les petites cloisons. Garder les marrons les plus intacts possible.
Pour éviter ce travail fastidieux et faire des marrons glacés en toutes saisons, on peut aussi employer des marrons congelés.
Jeter les marrons épluchés (frais ou congelés) dans le lait bouillant vanillé, laisser bouillir 10 mn. Égoutter. Avec le sucre, le glucose et l'eau, préparer un sirop cuit à la nappe, disposer délicatement les marrons dans le sirop, porter de nouveau à ébullition pendant 5 mn. Éteindre, couvrir et laisser macérer jusqu'au lendemain.
Recommencer l'opération pendant 6 jours de suite. Le sixième jour, après l'ébullition, sortir les marrons avec une écumoire, les déposer sur une grille.
Les laisser sécher 12 h et les envelopper alors un à un dans un carré d'aluminium ménager pour qu'ils gardent leur moelleux.

Se conservent un mois.

Les marrons glacés recouverts de cognac se conservent plusieurs mois dans un bocal bien fermé.

Turpin P.

Lambert f.ᵉ sculp.

CACAO.

a.l.l.

LE CHOCOLAT

POUR RÉUSSIR

L'utilisation du chocolat est délicate. Mais pour réussir, il faut simplement prendre quelques précautions.

Choisir le chocolat en fonction de l'utilisation qu'on lui destine. Il en existe en effet plusieurs sortes qui correspondent à des compositions différentes (lire les étiquettes).

POUR LA PÂTISSERIE

Il faut un chocolat à forte teneur en cacao : au minimun 43 % et si possible 50 % et plus, c'est celui qui parfumera le mieux. On pourra même lui ajouter du cacao noir non sucré.

POUR LES NAPPAGES ET LES GLAÇAGES

Choisir un chocolat riche en beurre de cacao : minimum 26 %, et si possible jusqu'à 31 %. Ces chocolats sont dits « supérieurs » ou « surfins ». Mais vous ne trouverez le « chocolat de couverture » véritable que dans les magasins spécialisés pour pâtissiers.

COMMENT FAIRE FONDRE LE CHOCOLAT

Ne pas abîmer le chocolat en le chauffant trop. Pour cela, casser le chocolat en petits morceaux et le faire fondre dans un bain-marie le plus étanche possible de façon à ce que la vapeur d'eau ne retombe pas sur le chocolat. Ne rien ajouter . Remuer jusqu'à obtenir une pâte lisse qui ne doit jamais dépasser 50° (voir page 20). Vous devez pouvoir mettre votre doigt dedans sans vous brûler. Le bain-marie n'a pas besoin d'être chaud, le chocolat fond très facilement.

POUR TREMPER, MOULER OU GLACER

Remuer le chocolat jusqu'à ce que la température retombe aux environs de 30° : le chocolat doit paraître froid sur la lèvre.
Disposer les trempages sur une feuille de papier sulfurisé, ou mieux encore sur une feuille de rhodoïd pour leur assurer un beau brillant.

CONSERVATION DU CHOCOLAT

Le chocolat craint l'humidité et la chaleur ainsi que les importants écarts de température : faire durcir les glaçages et les moulages dans un endroit sec à une température d'environ 15 à 18°. Éviter le réfrigérateur et ne pas travailler le chocolat dans les périodes de grosse chaleur. Le chocolat se conserve bien jusqu'à 1 mois, à condition d'être bien emballé et entreposé dans un endroit sec et frais.

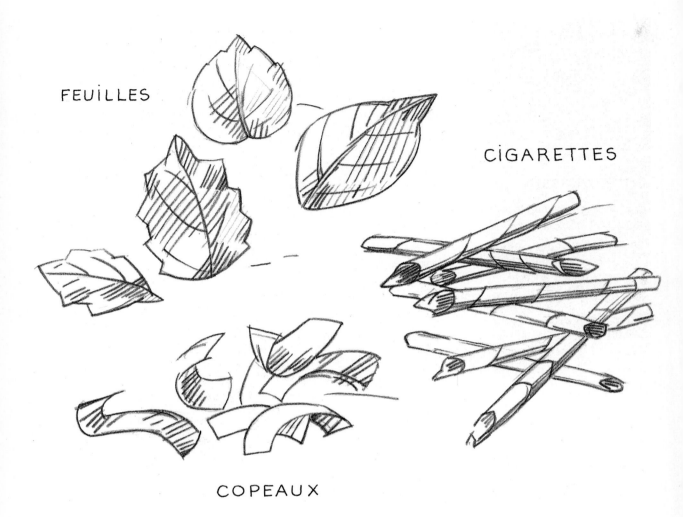

FEUILLES

CIGARETTES

COPEAUX

FEUILLES DE HOUX

10 feuilles de houx
100 g de chocolat
100 g de chocolat supérieur

Ce décor peut être réalisé avec d'autres petites feuilles, mais le houx que l'on peut trouver en toutes saisons avec sa feuille lisse et dure donne toute satisfaction. Faire fondre le chocolat au bain-marie. Quand la pâte est bien lisse et redescendue à 30 °C (voir page 20), avec une petite cuillère, recouvrir chaque feuille d'une mince couche de chocolat sans déborder sur l'envers. Quand le chocolat est dur (après environ 30 mn dans une pièce fraîche), détacher la pellicule de chocolat de la feuille de houx. Cette opération est délicate, mais les morceaux peuvent être remis au bain-marie. Recommencer jusqu'à parfaite réussite.

COPEAUX

Pour garnir un gâteau de 8 à 10 personnes : 100 g de chocolat supérieur

Faire fondre le chocolat au bain-marie, ajouter une noix de beurre. Verser le chocolat sur le marbre, l'étaler pour obtenir une couche de 0,5 cm d'épaisseur. Laisser prendre.

Quand le chocolat est devenu mat et avant qu'il ne soit tout à fait dur, racler la surface avec une spatule tiédie dans l'eau chaude et bien essuyée, inclinée à 45°. Les copeaux qui ne sont pas très bien réussis peuvent être remis dans le bain-marie pour recommencer l'opération.

CIGARETTES

Procéder comme pour les copeaux avec une couche de chocolat plus épaisse (1 cm). Faire fondre au moins 200 g de chocolat supérieur et travailler avec une spatule plus grande. Les cigarettes seront plus ou moins longues suivant la taille de la spatule.

Feuilles, copeaux et cigarettes saupoudrés de sucre seront des décors raffinés pour un traditionnel gâteau au chocolat.

TUILES AUX NOISETTES

Les noisettes peuvent être mélangées ou remplacées par des noix, des amandes ou des pignes de pin.

Pour 10 à 12 tuiles

200 g de chocolat noir ou au lait
60 g de noisettes
4 bandes de papier sulfurisé
Un rouleau à pâtisserie

Préparer un bain-marie, faire fondre le chocolat coupé en morceaux sans remuer. Quand il est fondu, éteindre le feu. Pendant ce temps, hacher les noisettes sans les réduire en poudre, les faire griller dans la poêle et les ajouter encore tièdes au chocolat fondu. Remuer.
Pendant que la pâte redescend à 30° (voir page 20), découper des bandes de papier sulfurisé de 50 cm × 5 à 6 cm.
Déposer une cuillerée à café de chocolat tous les 10 cm sur chaque bande de papier. Soulever une bande de papier à la fois, tapoter sur la table pour que le chocolat s'étale et déposer la bande sur le rouleau à pâtisserie pour donner aux friandises la forme d'une tuile. Quand elles sont dures, détacher le papier délicatement pour ne pas les casser.

Présenter sur le plat de service et garder dans un endroit frais.

ORANGETTES

Elles seront délicieuses avec une tasse de café.

Pour 30 orangettes

10 écorces d'oranges confites
200 g de chocolat noir ou au lait
Une assiette couverte de sucre glace

Découper de fines lamelles d'écorces d'oranges confites. Les rouler dans le sucre glace. Enlever l'excédent de sucre, laisser sécher. Faire fondre le chocolat au bain-marie. Quand il est bien lisse et à 30° (voir page 20), tremper les écorces d'oranges à l'aide d'une fourchette à fondue, bien égoutter et déposer sur un papier sulfurisé ou un rodhoïd. Quand le chocolat commence à prendre, marquer des petits traits parallèles sur chaque orangette avec le dos de la fourchette.

A l'abri de la chaleur et de l'humidité, les orangettes se conservent très bien au moins 15 jours.

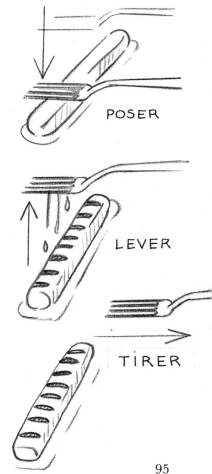

POSER

LEVER

TIRER

FRAMBOISES AU CHOCOLAT

20 framboises à l'eau-de-vie
280 g de chocolat
40 g de beurre
2 cuillerées à soupe d'eau
40 petites caissettes de papier plissé

Dans un bain-marie, faire fondre 200 g de chocolat coupé en morceaux. Quand il est bien lisse, déposer une demi-cuillerée à café de chocolat dans la moitié des caissettes de papier. Avec le bout du doigt, étaler le chocolat pour qu'il recouvre complètement l'intérieur de chaque caissette. Mettre au frais pendant au moins 30 mn pour que le chocolat durcisse. Pendant ce temps, faire fondre 80 g de chocolat, toujours au bain-marie, avec l'eau et le beurre.
Remuer pour obtenir une pâte lisse. La retirer du feu, la laisser refroidir, la mettre dans la poche à douille. Dans chaque caissette en chocolat, déposer une framboise à l'eau-de-vie puis, avec la poche à douille, la recouvrir de chocolat et laisser à nouveau refroidir pendant 30 mn au frais.
Quand la crème a durci, démouler les chocolats de leur caissette de papier et les remettre dans une autre toute neuve pour une jolie présentation.

Se conservent 3 ou 4 jours.

PRUNEAUX AU CHOCOLAT

15 pruneaux
1/2 verre de kirsch
1/2 verre de rhum
150 g de fondant
150 g de chocolat supérieur
100 g de sucre glace

Faire tremper les pruneaux pendant toute une nuit dans l'eau. Les égoutter et les dénoyauter. Les faire macérer dans un mélange kirsch et rhum pendant 15 jours.
Égoutter les pruneaux bien macérés et les tremper dans le fondant blanc fondu au bain-marie. Les laisser sécher sur une plaque recouverte de sucre glace. Puis les tremper dans le chocolat fondu et les disposer sur une grille pour obtenir un aspect irrégulier.

Garder ces chocolats une quinzaine de jours au frais avant de les déguster. Ils seront alors très appréciés car le fondant, au contact des pruneaux, se sera transformé en liqueur.

CHOCOLATS FOURRÉS AUX FRUITS

Découper des petits carrés de pâtes de fruits (recette page 79). Laisser bien sécher et tremper dans le chocolat fondu au bain-marie. Décorer tout de suite d'un grain de mimosa.

CERISES AU CHOCOLAT

40 cerises à l'eau de vie
200 g de fondant (recette page 38)
200 g de chocolat riche en beurre de cacao
40 caissettes de papier plissé

Égoutter sur un papier absorbant des griottes macérées à l'eau-de-vie. Quand elles sont bien sèches, les tremper dans le fondant blanc fondu au bain-marie et parfumé au kirsch. Éviter de mettre du fondant sur les queues. Poser les cerises sur une plaque saupoudrée de sucre glace. Dès que le fondant est dur, tremper les cerises déguisées dans le chocolat fondu au bain-marie et ramené à 30° (voir page 20). Les déposer sur une feuille de rodhoïd épais. Quand le chocolat a bien repris, détacher soigneusement chaque cerise avec la spatule, les déposer au fur et à mesure dans des caissettes de papier plissé.

Si la cerise est bien sèche au départ, elle se conserve au moins 15 jours au frais. Dans la coque de chocolat, le fondant et la cerise auront formé une liqueur délicieuse.

CHOCOLATS FOURRÉS AU CAFÉ

Pour 30 chocolats environ

200 g de fondant
20 g de beurre
Une cuillerée à café d'extrait de café
200 g de chocolat supérieur

Faire fondre le fondant et le beurre avec l'extrait de café au bain-marie jusqu'à l'obtention d'une pâte lisse, mais ne pas dépasser 40°. Laisser refroidir.
Quand le fondant est « repris », en prélever une cuillerée à café dans le creux de la main, former une boule, l'aplatir, mettre sur une assiette et au frais. Le lendemain, sortir les boules du réfrigérateur. Attendre qu'elles soient à température ambiante pour les tremper dans le chocolat fondu au bain-marie. Avant que le chocolat ne durcisse, décorer d'un grain de café.

CHOCOLATS À LA MENTHE

Procéder de la même manière que pour le chocolat au café en remplaçant l'extrait de café par quelques gouttes d'alcool de menthe.

TRUFFETTES

Pour 20 truffettes environ

125 g de chocolat riche en cacao
100 g de beurre frais
1 jaune d'œuf
2 cuillerées à soupe de sucre glace
1 cuillerée à soupe d'eau
1 cuillerée à soupe de cognac (facultatif)
3 cuillerées à soupe de cacao non sucré

Dans une casserole placée au bain-marie, casser le chocolat, ajouter l'eau. Laisser fondre, couper le beurre en morceaux, l'ajouter au chocolat fondu. Tourner pour obtenir une pâte lisse et brillante. Ajouter ensuite le jaune d'œuf, le sucre glace et le cognac.
Placer cette pâte au réfrigérateur pendant au moins 2 à 3 h.
Mettre le cacao en poudre dans une petite coupe. À l'aide de deux petites cuillères, prélever et former une boule de pâte la plus ronde possible. La rouler dans le cacao pour l'enrober régulièrement. Déposer les truffettes dans des caissettes de papier plissé. Remettre au frais jusqu'au moment de servir.

Ces truffettes se conservent 4 à 5 jours au réfrigérateur.

TRUFFES AUX NOISETTES

Pour 20 à 25 truffes

250 g de chocolat riche en cacao
1 cuillerée à soupe de lait
2 jaunes d'œufs
75 g de beurre
1 cuillerée à soupe de rhum
100 g de vermicelle de chocolat
25 noisettes entières décortiquées et légèrement grillées

Au bain-marie, faire fondre le chocolat et le lait. Retirer du feu, tourner pour obtenir une pâte lisse.
En remuant, ajouter les jaunes d'œufs, puis le beurre par petits morceaux, et enfin le rhum.
Laisser refroidir cette pâte 4 à 5 h.
Enrober chaque noisette dans une petite quantité de pâte et rouler dans le vermicelle de chocolat. Servir en caissettes de papier plissé.

Se conservent au frais, 2 à 3 jours.

TRUFFES PRALINÉES

Pour 60 truffes environ

260 g de sucre cristallisé
160 g d'amandes entières
400 g de chocolat riche en cacao
250 g de beurre

Enrobage

Une assiette garnie de cacao non sucré
ou de vermicelle de chocolat

Mettre le sucre et les amandes dans une poêle, faire chauffer doucement en remuant avec une cuillère en bois jusqu'à ce que le sucre soit caramélisé.
Verser sur un marbre huilé et laisser refroidir.
Casser en morceaux et réduire ce pralin en poudre avec le rouleau à pâtisserie ou le mixer.
Faire fondre le chocolat et le beurre au bain-marie.
Tourner pour obtenir une pâte bien lisse. Ajouter le pralin et mettre au frais jusqu'au lendemain.
À l'aide de deux cuillères, former des boules et les rouler dans la poudre de cacao ou le vermicelle de chocolat. Mettre en caissettes et tenir au frais.

Se conservent au frais 3 à 4 jours.

TRUFFES VÉRITABLES

Pour 50 truffes

500 g de chocolat riche en cacao
100 g de beurre
125 g de crème fraîche
60 g de sucre glace

Enrobage

250 g de chocolat de couverture
Une assiette garnie de cacao en poudre non sucré

Faire chauffer la crème fraîche dans une casserole de bonne taille. Pendant ce temps, casser le chocolat en petits morceaux dans une terrine placée sur un bain-marie. Chauffer légèrement. Quand le chocolat est ramolli, le verser sur la crème bouillante, remuer, ajouter le beurre et le sucre glace. Continuer à travailler la pâte jusqu'à ce qu'elle soit bien lisse. Quand elle a refroidi et commence à prendre, disposer des boules de la taille d'une grosse noisette sur un papier sulfurisé, soit avec une petite cuillère, soit avec une poche à douille.
Faire sécher les truffes dans un endroit frais jusqu'au lendemain.

ENROBAGE

Préparer un bain-marie, faire fondre le chocolat de couverture. Tremper les truffes, les égoutter et les jeter dans le cacao. Les rouler pour que toute la surface soit bien enrobée et remettre au frais.

Vous pouvez simplifier la présentation des truffes en les roulant dans le vermicelle de chocolat, le cacao et même le sucre glace. Le trempage dans la couverture n'est alors pas nécessaire.

Les truffes se conservent 8 à 10 jours.

NOIX MILA

Pour 50 noix

250 g de sucre cristallisé
50 g de glucose
50 g de noix
50 g d'amandes

Enrobage

150 g de fondant blanc (recette page 38)
250 g de chocolat noir dit « supérieur »
50 cerneaux de noix

Broyer finement les noix et les amandes. Dans une casserole, mettre le sucre et le glucose mouillés d'un peu d'eau. Cuire au filet.
Ajouter alors le hachis de noix et d'amandes. Cuire à nouveau en remuant jusqu'à ce que le mélange se détache du fond de la casserole, arrêter le feu et verser sur le marbre. Étaler au rouleau sur 5 mm d'épaisseur. Si la pâte est trop dure à étaler, la passer à nouveau au mixer avec un peu de kirsch. À l'emporte-pièce, découper des ronds de 2 cm de diamètre. Les laisser sécher sur une grille, puis les tremper entièrement dans le fondant ramolli à point dans un bain-marie ; poser immédiatement dessus un cerneau de noix.
Quand le fondant a durci, reprendre les bonbons pour les tremper, cette fois jusqu'à mi-hauteur, dans la couverture de chocolat. Le dessus doit rester blanc, uniquement décoré par la 1/2 noix. Les déposer sur une feuille de rodhoïd.

Bonne conservation pendant au moins une semaine dans un endroit frais.

CHOCOLATS À LA NOIX DE COCO

Pour 25 chocolats

100 g de pâte d'amandes
100 g de noix de coco râpée
50 g de fondant (recette page 38)
Une cuillerée à café de miel

Enrobage

250 g de chocolat noir ou au lait
100 g de sucre glace
Une cuillerée à soupe de Maïzena

Mettre dans le mixer : la pâte d'amandes, la noix de coco, le fondant ramolli et le miel. Quand la pâte est bien homogène, l'étaler au rouleau sur un marbre saupoudré d'un mélange sucre glace-Maïzena. Former une plaque de 1 cm d'épaisseur. Découper des carrés, les disposer sur une grille. Laisser sécher.
Préparer un bain-marie. Faire fondre le chocolat et y tremper les carrés à la noix de coco. Les disposer sur une feuille de rodhoïd. Quand ils sont secs, décorer d'un filet de chocolat noir si on a trempé les carrés dans le chocolat au lait, et inversement.

L'ÉCRITURE AU CHOCOLAT

Préparer un cornet dans un triangle de papier sulfurisé. Rouler le cornet en maintenant le sommet du triangle avec l'index gauche, et rabattre les angles de la base sur l'encolure du cornet pour qu'il ne se déroule pas. Remplir le cornet de chocolat chauffé à 30° (voir page 20). Couper la base du cornet avec des ciseaux, plus ou moins haut selon la finesse de trait désirée. Puis dessiner ou écrire comme avec un stylo. Quand le cornet est vide, le jeter et recommencer.
De la même manière on peut écrire ou dessiner avec le cornet sur une feuille de rodhoïd et transporter le décor quand il est froid sur un gâteau également refroidi.
On peut aussi glisser une image en rodhoïd et dessiner un encadrement au chocolat.

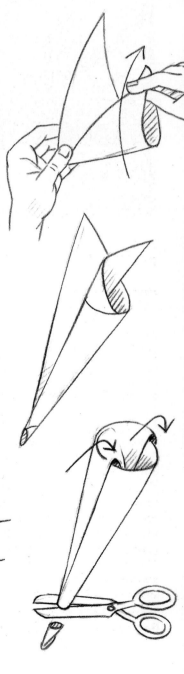

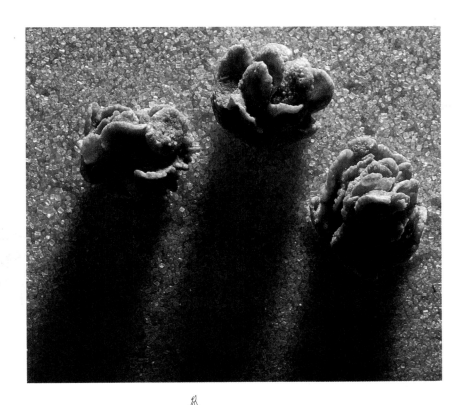

ROSES DES SABLES

Pour 50 roses

150 g de corn flakes
125 g de chocolat noir riche en cacao
100 g de beurre
150 g de sucre glace
3 cuillerées à soupe de café fort
50 caissettes de papier plissé (35 mm de diamètre)

Dans une grande terrine placée sur une casserole d'eau bouillante, couper le chocolat en petits morceaux. Laisser fondre.
Ajouter le beurre et le sucre. Battre la pâte pour qu'elle soit lisse et homogène.
Éteindre le feu. Ajouter les corn flakes. Remuer en soulevant délicatement les pétales pour ne pas les briser. Quand les corn flakes sont entièrement recouverts de pâte, avec deux petites cuillères, remplir largement les caissettes de papier en donnant la forme d'une rose des sables sans écraser les pétales.
En durcissant, le chocolat soudera les pétales entre eux et les roses seront prêtes à servir.
Pour varier la recette, ajouter aux mélanges beurre-chocolat 50 g de noix hachées et deux cuillerées à soupe de miel.

Se conservent au frais pendant 2 à 3 jours.

LE CARAMEL
MIS EN FORME

SUCRE DE POMMES

Pour 5 pièces

500 g de pommes acidulées
1 verre d'eau
300 g de sucre cristallisé
1 cuillerée à soupe de glucose
Le zeste d'un citron prélevé en ruban

Laver les pommes. Les couper en quartiers. Les mettre dans une casserole, ajouter l'eau. Cuire jusqu'à ce qu'elles soient tendres. Les mettre sur un tamis et réserver le jus.

Dans une autre casserole mettre le sucre et le glucose, mouiller avec le jus de cuisson des pommes. Ajouter le ruban de zeste. Cuire jusqu'au cassé. Couper le feu, enlever le zeste. Verser sur le marbre huilé.

Quand la nappe commence à prendre, la retourner avec la spatule, égaliser les bords pour former un carré. Avec des gros ciseaux, couper une bande de 1 cm de large, la tirer, la torsader et la reposer sur le marbre. Couper une autre bande et recommencer rapidement jusqu'à la dernière.

Quand les torsades sont froides les mettre dans un bocal à l'abri de l'humidité.

Bonne conservation pendant plusieurs semaines.

LES BERLINGOTS

C'est la recette de base pour le travail du sucre.

Pour 70 berlingots environ

250 g de sucre cristallisé
3 cuillerées à soupe d'eau
1 cuillerée à soupe de vinaigre de cidre
3 gouttes d'essence parfumée (menthe, bergamote...)
3 gouttes de colorant alimentaire (rouge, vert...)

Mettre le sucre dans une petite casserole, mouiller avec le vinaigre et l'eau. S'assurer que le bord de la casserole est bien propre. Mettre sur le feu en réglant la flamme pour qu'elle ne dépasse pas le bord de la casserole. Ne pas remuer. Cuire jusqu'à ce que le caramel commence à se colorer sur les bords de la casserole. Lorsque le « cassé » est obtenu, éteindre le feu. Verser le caramel sur un marbre légèrement huilé. Mettre le colorant et le parfum sur la nappe de caramel. À l'aide des spatules, relever les bords de la nappe vers le centre et recommencer jusqu'à ce qu'elle ne s'étale plus.
Prendre la masse dans les mains, la travailler puis la tirer en un long ruban que l'on replie sur lui-même avant de le retirer à nouveau. Quand le ruban est nacré et souple, le tirer une dernière fois, le poser sur le marbre et le couper avec de gros ciseaux. À chaque coupe, tourner le ruban d'un quart de tour afin de donner la forme caractéristique du berlingot. Séparer les bonbons pour qu'ils ne collent pas entre eux pendant qu'ils sont encore chauds.
Quand ils sont froids les mettre dans un bocal. Ajouter éventuellement dans le bocal un mélange de 3 cuillerées à soupe de sucre glace et 1 cuillerée à soupe de fécule. Les berlingots perdront leur brillant mais se conserveront sans « coller » pendant plusieurs mois !

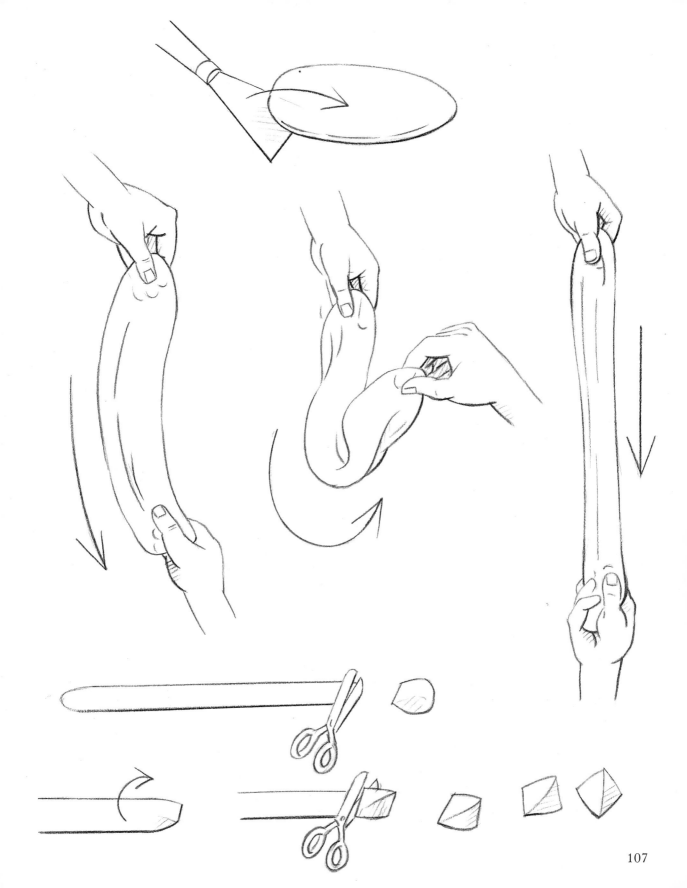

LES SUCETTES

Avant de faire des sucettes, il faut avoir pris l'habitude de travailler le sucre en faisant des berlingots (page 106).

Pour 10 sucettes

250 g de sucre cristallisé
3 cuillerées à soupe d'eau
1 grande cuillerée de vinaigre
ou de glucose cristal ou en poudre
3 gouttes de colorant alimentaire
3 gouttes d'essence parfumée
10 bâtonnets

Mettre le sucre et le glucose dans une petite casserole, mouiller avec l'eau. Cuire sans remuer jusqu'à obtenir un caramel légèrement coloré sur les bords de la casserole (le « cassé »), éteindre le feu.
Verser sur un marbre huilé. Ajouter parfum et colorant sur la nappe de caramel.
Avec les spatules relever les bords de la nappe jusqu'à ce qu'elle ne s'étale plus. Prendre la masse en main, la travailler puis la tirer en un long ruban que l'on replie sur lui-même avant de le retirer à nouveau. Couper le ruban en morceaux de 3 à 4 cm de long. Arrondir le rectangle de sucre en rentrant les quatre coins. Enfiler un bâton dans la boule de sucre. Aplatir avec la spatule en appuyant fortement sur le marbre.
Quand les sucettes sont froides les soulever avec la spatule et les emballer séparément dans une feuille de papier cellophane en formant une jolie papillotte.

Pour varier la présentation, on peut donner au bonbon la forme d'un sucre d'orge et même, si l'on est deux, torsader deux rubans de couleurs différentes avant de couper des bâtonnets de 10 cm de long.

Pour faire des sucettes, il est recommandé de remplacer le vinaigre par du glucose. Tous les deux empêchent la cristallisation du sucre mais le glucose donne une pâte de sucre plus souple et malléable que l'on peut travailler plus longtemps.

Trois petites sucettes, ou une grosse, sur une épingle double : voilà des broches fondantes ! De couleurs différentes, elles pourront servir de « badges » dans une réunion d'enfants.

LE DÉCOR EN SUCRE

LE SUCRE TIRÉ

Pour 5 fleurs ou 15 feuilles environ

150 g de fondant (recette page 38)
2 grandes cuillerées de glucose
2 gouttes de colorant alimentaire, vert pour les feuilles,
rouge ou jaune pour les fleurs
Une petite casserole
Un marbre
Deux spatules
Une paire de ciseaux
Une poêle anti-adhésive
Un réchaud
Une lampe à alcool
Une paire de gants de caoutchouc fins
pour ne pas se brûler (facultatif)

Travailler si possible dans une pièce fraîche, ou à défaut devant un ventilateur.
Mettre le fondant et le glucose dans une petite casserole, mélanger. Chauffer, sans que la flamme dépasse le fond de la casserole et cuire jusqu'au cassé. Arrêter le feu, verser le sucre sur un marbre légèrement huilé, mettre le colorant. Relever les bords de la nappe avec la spatule. Quand la masse ne s'étale plus, la prendre en main et la déposer sur une poêle tiède, maintenir au chaud sur une plaque électrique ou un réchaud à bougies.
Prélever une pincée de pâte, couper aux ciseaux, tirer la pâte jusqu'à ce qu'elle soit transparente et donner la forme désirée. Déposer sur le marbre et recommencer jusqu'à ce qu'il n'y ait plus de pâte. Les feuilles en général sont simples et ne demandent pas à être assemblées, par contre il faut souvent composer les fleurs.

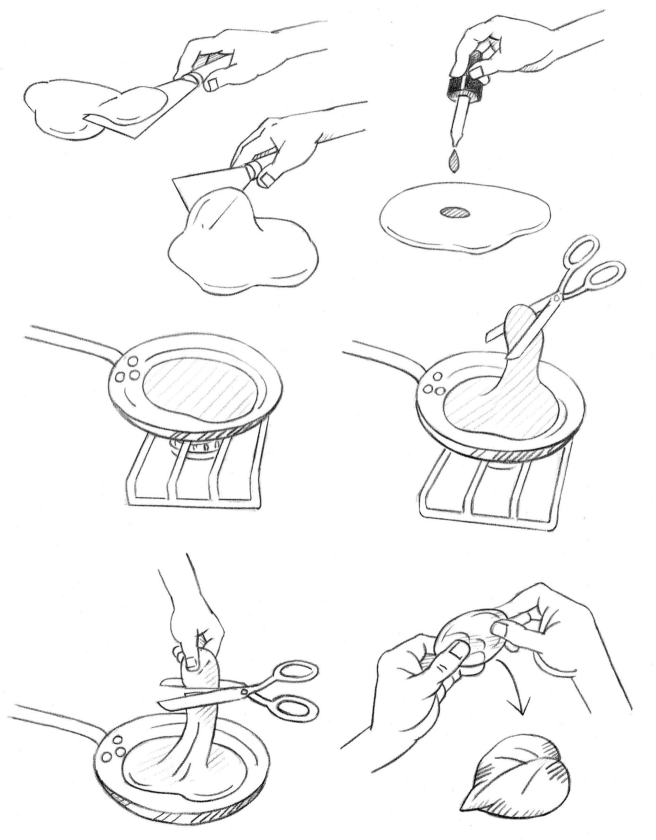

111

POUR UNE ROSE

Préparer environ 5 pétales bien assortis plus ou moins fermés ou ouverts. Allumer la lampe à alcool. Prendre d'une main le pétale le plus fermé et de l'autre un deuxième pétale. Présenter leurs bases devant la lampe pour qu'elles fondent un peu. Souder chaque pétale au cœur et ainsi de suite jusqu'à ce que vous ayez une jolie fleur. La garder dans la main jusqu'à ce qu'elle soit froide. Ainsi elle ne se déformera pas quand vous la poserez sur le marbre.

D'autres idées : une dînette en sucre pour manger son assiette au dessert ! Des porte-couteaux pour la fête des mères.

LE SUCRE SOUFFLÉ

Délicat mais très amusant, vous pourrez ainsi mettre en forme une mandarine, un citron ou bien encore un petit vase au gré de l'inspiration.

150 g de fondant (recette page 38)
2 grandes cuillerées de glucose
1 goutte de colorant
Une petite casserole
Un marbre
Deux spatules
Une poêle à fond anti-adhésif
Un gros macaroni de 10 cm de long environ

Mettre le fondant et le glucose dans une petite casserole, mélanger, chauffer jusqu'à ce que le sucre se colore légèrement sur le bord de la casserole. Verser sur le marbre huilé, mettre le colorant. Relever les bords de la nappe avec la spatule. Quand elle ne s'étale plus, la prendre en main, la déposer sur une poêle tiède et maintenir au chaud. Prélever une noix de sucre, couper aux ciseaux, faire une boule et y enfoncer le macaroni. Souffler comme dans une « pâte à ballon ». Tenir le macaroni d'une main, et de l'autre façonner « la bulle » qui se forme. Quand elle est transparente, détacher le macaroni et garder l'objet dans la main jusqu'à ce qu'il soit froid afin qu'il ne se déforme pas.

Les objets en sucre tiré ou soufflé se gardent indéfiniment. Cependant au bout d'un certain temps, la chaleur et l'humidité feront disparaître le « brillant » : ils perdront l'aspect du verre pour ressembler plutôt à des objets en cire.

115

Dans cet ouvrage, je tiens à rendre un hommage tout particulier à Mme Lapierre, grande artiste du sucre. Sa personnalité a fait mon admiration, elle a été mon « maître d'œuvre », elle m'a aidée à découvrir les « secrets du sucre ».

Dans sa petite cuisine — atelier qui sentait bon le berlingot —, elle se livrait volontiers à des démonstrations pour nous émerveiller et nous transmettre ses secrets. Mais en fait, son véritable secret ne pouvait être complètement dévoilé, car il était le fruit d'un savoir-faire exceptionnel, acquis au fil de plus de cinquante années d'expérience laborieuse.

En effet, très jeune, Marguerite Lapierre s'intéresse déjà pour son plaisir à la transformation magique du sucre en berlingots et en sucettes. Plus tard, ayant eu le malheur de perdre son mari, elle doit gagner sa vie et celle de ses enfants. Ce qui était jusqu'alors divertissement devient gagne-pain. Elle entre comme ouvrière dans une chocolaterie. La confection industrielle des bonbons lui apprend beaucoup, mais à la longue, lui paraît fastidieuse. Elle préfère le travail artisanal du sucre. Elle découvre les analogies entre le sucre et le verre, fait un stage à Murano pour mettre au point son art de souffler la pâte de sucre et dépose un brevet en 1951.

Ses recherches et son courage, alliés à un goût parfait lui valent une notoriété mondiale : à Paris, elle réalise des décors pour les grandes maisons comme Dior ou Hermès, fabrique des accessoires de théâtre, fait des démonstrations pour la télévision, expose des objets de table assortis aux nappes de Paule Marrot. Elle parcourt le monde entier, émerveille les Japonais, copie les joyaux de la couronne pour la cour d'Angleterre, se plie aux caprices du roi du Maroc.

C'est tout ce qu'elle aimait raconter avec fantaisie et humour pendant que le sucre bouillonnait sur son petit réchaud. Mais quand elle façonnait la boule de pâte brûlante au bout de son fume-cigarette en ivoire, c'était dans un grand silence admiratif que nous regardions naître un oiseau, une colombe...

QUELQUES PETITS « TRUCS » SUCRÉS

Une cuillerée de sucre dans la pâte à crêpe ou à gaufre la fait dorer à la cuisson et la rend plus croustillante.

Une cuillerée de sucre saupoudrée sur la crème pâtissière encore chaude évite la formation d'une peau en surface pendant le refroidissement.

Une cuillerée de sucre ajoutée en cours de route aux blancs d'œufs montés en neige les soutient.

Le sucre est un adoucisseur d'eau, quelques morceaux de sucre dans l'eau du thé en améliorent le goût.

Une cuillerée à soupe de sucre glace saupoudrée en fin de cuisson sur une pâte feuilletée lui assure un beau glaçage.

Un mélange sucre cristallisé et semoule de blé dur, en proportions égales, saupoudré sur un fond de tarte cru avant d'y mettre des fruits aqueux comme la rhubarbe, les prunes ou les abricots, absorbe le jus et empêche la pâte de ramollir.

Rouler les fruits dans le sucre cristallisé avant de les congeler évite qu'ils ne collent entre eux.

Un sirop de sucre, plus 10 % de glucose, empêche la formation de paillettes dans une glace, de même que l'emploi d'un sucre « spécial confiture ».

Le sucre battu avec les œufs permet d'incorporer de l'air à la pâte qui blanchit et double de volume, assurant légèreté et moelleux au produit cuit (cakes, génoises, biscuits de savoie, pain de Gênes...).

Le sucre est un colorant et un parfum naturels : c'est lui qui donne la belle coloration des biscuits. Le caramel colore et parfume une crème.

Le sucre renforce les arômes. De la poudre de noix de coco dorée dans une poêle avec un peu de sucre avant d'être incorporée à un gâteau, voit son parfum et son goût décupler.

Le sucre est un conservateur. En concentration suffisante, il empêche le développement des moisissures, sur les confitures par exemple.

Le sucre permet de contrôler les fermentations comme celle du champagne.

Dorer les endives en ajoutant un peu de sucre au beurre neutralisera l'amertume.

Ajouté en petite quantité dans un plat de tomates à la provençale, le sucre en fera disparaître l'acidité.

Un morceau de sucre ajouté aux petits pois nouveaux ou aux carottes renforce leur goût et préserve leur couleur pendant la cuisson.

Un mélange à parts égales de sucre, de gros sel et de poivre blanc concassé, disposé sur un morceau de saumon frais constitue une marinade à la norvégienne.

Un mélange de sucre, d'eau et de matières grasses caramélise un rôti de porc ou un canard à l'orange.

Un sirop de sucre cuit au boulé (1 kg de sucre pour 250 g d'eau) permet d'amidonner, et de mettre en forme, les dentelles et les tissus fins.

TABLE DES RECETTES

CROQUIS
Martine Eichhorn.

CRÉDIT PHOTOGRAPHIQUE
FLEURUS/D. Farantos : couverture.
CEDUS/Baxter : page 89.
CEDUS/Burlot : page 17.
CEDUS/R. Charpagne : page 93.
CEDUS/G. Darqué : pages 48 - 51 - 53 - 100.
CEDUS/GAMICHON/S. Carrieras (primée lors d'un concours 1986 sur le thème « Le sucre et l'énergie ») : page 15.
CEDUS/GAMICHON/P. Prieur et L. Lumière : page 64.
CEDUS/A. Maier : pages 37 - 39 - 40 - 41 - 77 - 112 - 115.
CEDUS/M. Sanner : pages 57 - 74.
CEDUS/H. Yéru : pages 26 - 43 - 47 - 63 - 73 - 75 - 78 - 86 - 87 - 97 - 119.
CEDUS photothèque : pages 8 - 13 - 19 - 71 - 90 - 113 - 117 - 119.
FLEURUS/A. Maier : pages de garde - 10 - 25 - 27 - 29 - 33 - 45 - 55 - 67 - 69 - 83 - 85 - 103 - 105 - 106 - 109.
Guillaume de Clausonne : pages 61 - 94 - 95 - 101.
L'auteur remercie Claire de Clausonne pour sa participation au stylisme de cet ouvrage.

© Éditions Fleurus, 1987.
N° d'édition 87099.
Dépôt légal : octobre 1987.
ISBN 2-2-215-00987-X.
1re édition.
Imprimé en Espagne.
par Novograph, S.A.,
Madrid, en août 1987.